白色血液

我国乳制品消费特征及趋势研究

杨祯妮 著
王加启 程广燕 顾问

中国出版集团
研究出版社

图书在版编目（CIP）数据

白色血液：我国乳制品消费特征及趋势研究 / 杨祯妮著．—北京：研究出版社，2021.11

（农业农村产业振兴发展研究）

ISBN 978-7-5199-1058-7

Ⅰ．①白… Ⅱ．①杨… Ⅲ．①乳制品－消费－研究－中国 Ⅳ．①F724.782

中国版本图书馆 CIP 数据核字（2021）第 247538 号

出 品 人：赵卜慧
责任编辑：寇颖丹
助理编辑：何雨格

白色血液
我国乳制品消费特征及趋势研究
杨祯妮　著

研究出版社 出版发行
（100011　北京市朝阳区安华里 504 号 A 座）

北京中科印刷有限公司印刷　新华书店经销

2021 年 11 月第 1 版　2021 年 11 月北京第 1 次印刷
开本：710 × 1000 毫米　1/16　印张：8.25
字数：92 千字

ISBN 978-7-5199-1058-7　　定价：49.00 元

邮购地址 100011　北京市朝阳区安华里 504 号 A 座
电话（010）64217619　64217612（发行中心）

前　言

随着中国经济快速增长与居民收入的显著提高，食物消费结构正在发生明显变化，具体体现为粮食在居民食物消费中的占比不断减少，而动物性食物占比显著增加。根据《中国统计年鉴2018》的数据，2013—2017年，我国人均粮食消费量从2013年的148.7公斤减少至2017年的130.1公斤，而人均动物性食物（肉蛋奶类、禽类、水产品）消费量从2013年的63.1公斤增加至2017年的69.2公斤。同期，人均奶类消费量折合原料奶消费量计从2013年的32.3公斤增至2017年的33.3公斤，年均增速0.8%。可见，随着居民收入水平的提高，以及营养健康意识的提升，居民饮奶意识不断增强，带动奶类消费逐渐提高。依据《OECD-FAO农业展望报告2019—2028》的预测（以下简称《OECD报告》），未来10年全球人均新鲜乳制品消费量年均增量将达1.0%。据国务院第七次全国人口普查结果显示，全国人口共14.12亿，10年来继续保持低速增长态势。据联合国预测未来我国人口增长率约5.86‰，预计2025年前后达到14.29亿峰值水平。对于中国这样的人口大国而言，人口峰值还远没有到达，未来中国奶类消费空间和增长速度以及奶类总体需求是全行业和全社会普遍关心和关切的问题。未来中国奶类消费空间和增长速度以及奶类总体需求是全行业和全社会普遍关心和关切的问题。

从营养角度来看，牛奶素有“白色血液”之称，也被誉为“最接近完美的食物”，奶类消费能够满足居民食物消费结构升级的营养需求。2020年全年我国奶类消费总量5406万吨，居民人均奶类消费量38.3公斤，仅为《中国居民膳食指南（2016）》中推荐量的35.0%，如果以蛋白质来衡量，人均每日动物蛋白供给量的6.74%由奶类蛋白提供，比全球奶类蛋白平均水平25.57%低了近19个百分点，分别低于日本、美国和德国奶类提供动物蛋白的占比14.83%、30.44%和40.24%。从实际消费上看，我国奶类消费水平还不足全球平均奶类消费水平的1/3，不足亚洲平均水平的1/2，是典型奶业发达国家的1/8。由此可见，我国奶类消费还有巨大增长空间。总体来看，我国人均奶类消费低，在营养改善中发挥的作用不充分，是居民膳食消费的一大短板。因此，了解我国奶业整体发展情况，掌握乳制品消费的历史规律，研判未来奶类消费需求及增长空间有助于引导奶业发展，进一步扩大奶类消费，符合奶业振兴的国家重大战略需求。

本书概述了我国奶类整体发展情况，围绕乳制品消费特征和规律，利用《中国统计年鉴》《中国奶业年鉴》、海关总署官方数据，以及国际乳品联合会（IDF）、联合国粮食及农业组织（FAO）等国际数据库的乳制品消费数据，分析乳制品消费现状和影响因素，梳理乳制品消费存在的问题，研判未来奶类消费需求及增长空间。最后通过典型国家和地区的奶类消费促进经验，形成对我国进一步扩大国内奶类消费的借鉴。

本书的奶业概况及历史回顾部分主要分析近20年甚至更长年份我国奶类产量、乳制品加工量和乳制品贸易量等变化情况，总结当前居民乳制品消费的特征、结构与乳制品消费升级的情况，同时对于乳制品消费主要面临的问题和制约因素进行剖析。本书围绕收入、营养等不同类型乳制品的消费案例，对经济较发达的典型城市居民乳制品消费及其影响因素分析，同时对市场增速较快的低温鲜奶和奶酪也进行专题分析，为深入研究我国乳制品消费提供参考。

本书涉及的乳制品消费内容全面、数据翔实、信息量大，是奶业行业主管部门、协会、科研工作者及乳制品加工从业人员了解目前我国居民乳制品消费实际情况的重要参考资料。本书的著者多年从事奶业消费与政策研究，本书出版得到了农业农村部农产品质量安全监管专项经费——生鲜乳质量安全监管资助；农业农村部食物与营养发展研究所（食物营养所）2021年科技创新工程——肉蛋奶消费规律峰值判断和饲料消费趋势研究资助。衷心感谢3名中国农科院硕士研究生肖湘怡、马广旭、吕鹏飞，他们为书稿的形成做了不同程度的贡献。

最后需要指出的是，本书内容很多数据来源于资料查阅，包括部分小语种国家的数据查询，缺少充分的实地调研，对于书中遗漏与错误之处，恳请大家批评指正。

杨祯妮

目录

第一章

我国奶业概况

一、奶业概况及历史回顾

（一）奶类产量走出3300万吨“陷阱”，呈加速增长趋势

2020年，中国奶类产量首次突破3300万吨大关，达到3529.6万吨的历史最高水平，产奶量位居全球第五，约占全球奶产量的4.1%。奶类产量走出了多年来3300万吨的“生产陷阱”，其中牛奶产量3440万吨，同比增长7.5%，明显高于2019年3.8%的增幅，产量增幅为2006年以来最高。回顾历史，改革开放以来，中国奶业生产发展可以概括为三个重要的阶段。第一阶段是1978—1996年的稳定增长期，此阶段从全国奶牛存栏不到50万头、奶类产量不足100万吨发展到1996年奶牛存栏数量447万头，奶类总产量735.9万吨。第二阶段是1997—2007年，中国的奶业进入高速发展的黄金十年，跨入奶业大发展时期，奶类产量在2001年、2004年、2006年分别跨过1000万吨、2000万吨、3000万吨大关（见图1-1）。第三阶段，2008年“三聚氰胺事件”，使处于发展快车道上的中国奶业转入“寒冰期”，造成企业诚信、奶农养殖信心、消费信心、政府公信力四大危机，也是导致我国奶类总产量始终徘徊在3100万～3300万吨的主要原因。

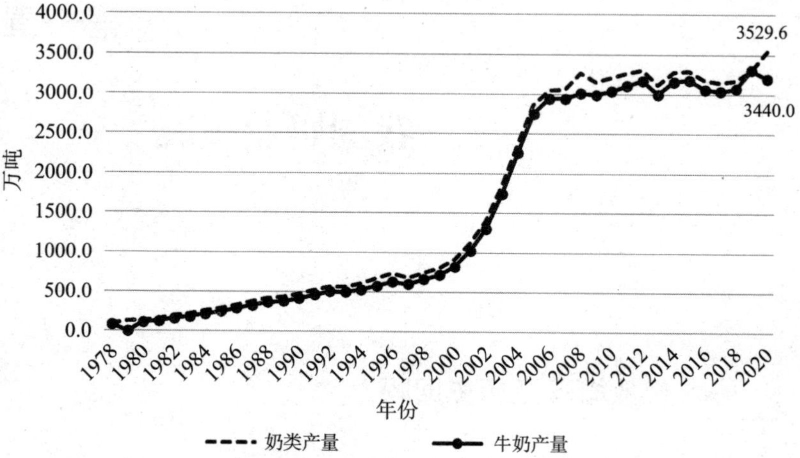

图1-1　1978—2020年我国奶类及牛奶生产情况

注：数据来源于国家统计局，2020

（二）我国乳制品加工实力不断增强

2000年以来，我国乳制品工业总体规模快速增长，据国家统计局数据，2019年，全国规模以上乳制品企业总产量2719.4万吨（见图1-2），同比增长1.2%。其中，液态奶和乳粉产量分别为2537.7万吨、105.2万吨，同比分别增长了1.0%、8.0%。国家统计局规模乳企监测数据显示，2019年，全国乳制品加工销售总收入3947.0亿元，同比增长10.2%；加工利润总额379.3亿元，同比增长61.4%；销售收入利润率为9.6%，比2018年高出2.4个百分点。2019年，河北、内蒙古、山东、河南、黑龙江、宁夏等位居全国乳制品加工量前10位的省（区、市），加工占比达到全国加工总量的67.3%，同比下降0.2%，比2016年下降1.6个百分点，表明加工布局的集中度持续下降。

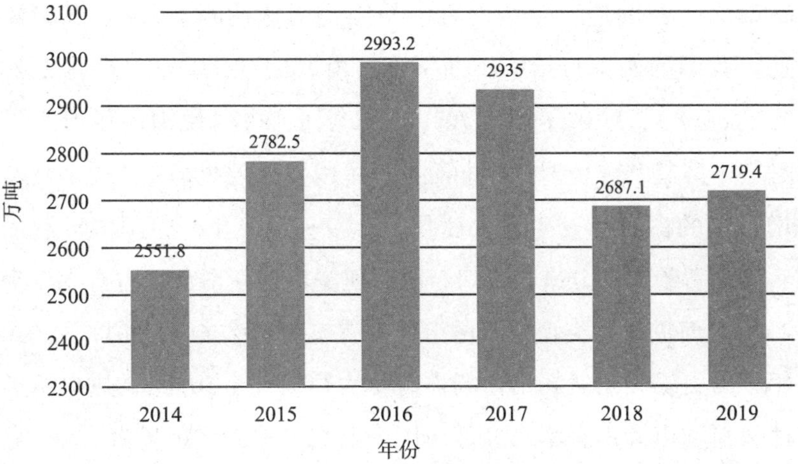

图1-2　2014—2019年规模以上乳制品企业累计产量

注：数据来源于国家统计局，2019

（三）乳制品进口量持续增长，国内奶源自给率不断下降

据中国海关总署统计，2020年中国乳制品进口量继续增长，累计进口乳制品328.12万吨，折合鲜奶约1968万吨，较上年增长10.4%，其中液态奶同比增长16.0%，干乳制品同比增长7.8%。2020年，进口额117.06亿美元，同比增长5.2%；累计出口乳制品4.29万吨，与上年相比减少21.0%；出口额2.22亿美元，与上年相比下降49.0%。具体分品种来看，全年进口大包乳粉97.93万吨，同比下降3.5%；乳清粉进口量大幅提高至62.64万吨，同比增长38.2%；婴幼儿配方奶粉进口量33.50万吨，同比减少3.0%。奶油、奶酪和包装牛奶的进口量均有不同幅度的增长，而炼乳和酸奶的进口量有所下降。乳制品进口来源地主要集中在新西兰、欧盟、美国、澳大利亚、白俄罗斯等国家和地区，新西兰和欧盟仍然是主要来源地。一个值得关注的趋势是，

2020年，我国进口美国的乳清粉同比增速达到39.3%。2007年后，我国的奶源自给率不断下降，由2007年的95.0%降为2020年的66.0%，跌破了国家70%的安全线，可以说国内供给水平呈现下降趋势。但对比不同时期，可以发现国产奶在奶类消费新增市场的占有率发生重大变化，2009—2016年，中国的乳制品新增消费绝大部分来自进口，国内奶类消费新增市场占有率仅为2.4%，而进口奶类消费新增市场占有率高达97.6%；2017—2020年，国内奶类消费新增市场占有率大幅提升至50.4%，进口奶类消费新增市场占有率已经低于国内奶类消费新增市场占有率（见图1-3）。

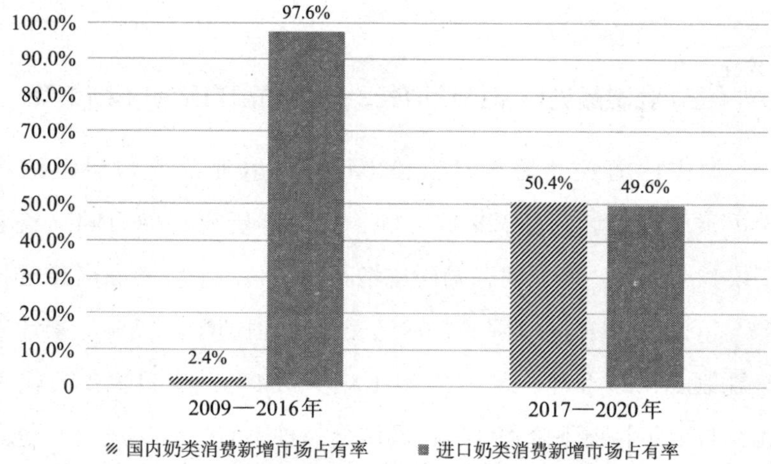

图1-3　不同时期国内奶类和进口奶类的消费新增市场占有率

注：数据来源于国家统计局，海关总署，2020

二、乳制品消费现状及特征

“十三五”期间，在奶业振兴等利好政策驱动下，人均奶类消费实现较快增长。2020年，我国乳制品需求显著增长，居民乳制品购买意愿提高，消费习惯逐渐养成。据农业农村部食物与营养发展研究所动物食物与营养政策中心（以下简称营养所动物中心）测算，按全年奶类产量与牛奶保持同等增幅计，2020年全国奶类产量3544万吨，包装奶、大包乳粉等各种奶制品净进口折原奶量1862万吨，全年奶类表观消费量达到5406万吨，与上年相比增长8.0%，人均乳制品消费量达38.3公斤的历史最高水平，与2019年的35.5公斤相比，增长7.8%，创阶段性新高；消费增长率明显高于近15年3.3%的平均水平，消费增幅处于历史高位。当前，我国人均乳制品消费量不到亚洲平均水平的一半，相当于全球人均消费量的约1/3，与欧美等典型发达国家饮奶量差距更大。下文主要从城镇与农村、不同城市（区域）、不同收入组间、不同年龄群体四个维度对乳品消费现状与情况开展分析。

（一）城乡居民乳制品消费差距缩小

从统计数据来看，我国城镇和农村居民奶类消费差距较大。如表1-1所示，2018年，我国居民人均户内奶类消费量为12.2公斤，其中城镇居民、农村居民人均奶类消费量分别为16.5公斤、6.9公斤。1980年，城乡居民人均奶类消费量分别为4.1公斤、0.6公斤，农村居民人均奶类消费量仅占城镇居民奶类消费量的15.1%。1980—2007年，城镇居民奶类消费增速明显较快，城乡奶类消费差距变化不大，2007年，城乡人均奶类消费量分别为17.8公斤、3.5公斤，农村人均奶类消费量占城镇比重略有提高，为19.7%。2008年之后，受“三聚氰胺事件”的影响，一方面，城镇居民人均奶类消费量有所下降，2018年农村居民人均奶类年消费量占城镇居民消费比重提高至41.8%；另一方面，农村人均奶类消费增长较快，两者消费差距明显缩小。尽管城乡奶类消费差距逐渐缩小，但我国城镇和农村居民奶类消费差距依然较大。

表1-1　　1980—2018年我国城乡居民奶类消费量

（单位：公斤/人，%）

年份	城镇居民	农村居民	占比
1980	4.1	0.6	15.1
2007	17.8	3.5	19.7
2018	16.5	6.9	41.8

注：数据来源于国家统计局，2018

（二）不同收入组乳制品消费现状

从全国人均奶类消费量来看，全国平均、城市和农村均呈现奶类消费量随收入增长而增加的一致趋势。2018年，全国低收入组人均奶类消费量约6公斤，仅为全国平均水平的一半左右；人均奶类消费量在高收入组达到21.7公斤，为全国平均水平的1.8倍。不同收入组间居民的奶类消费量也有很大差距，其中，城镇高收入组居民奶类消费量为23.6公斤，是低收入居民消费量的2.3倍，而农村高收入组与低收入组奶类消费相差1.7倍，人均奶类消费量在高收入组约为9.3公斤，还未达到城镇居民人均最低消费水平10.3公斤。由此可见，城乡居民奶类消费量差距依然较大（见图1-4）。

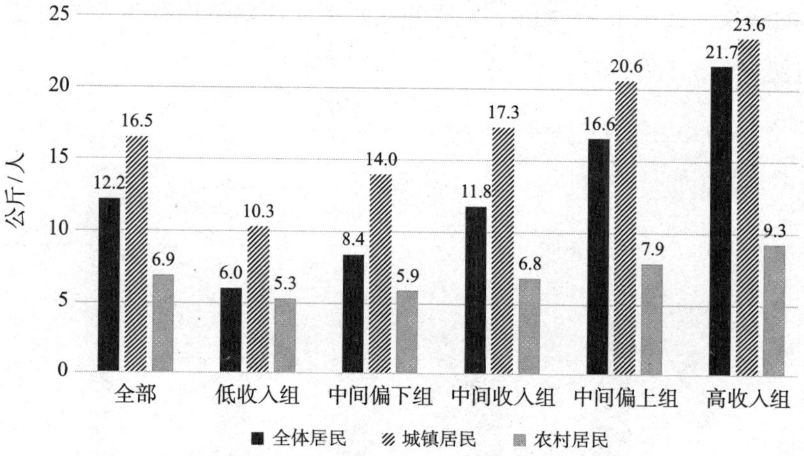

图1-4　2018年我国城乡不同收入组居民奶类消费量

注：数据来源于国家统计局，2018

（三）重点人群奶类消费情况

据CHNS-2015年调研数据，我国45岁及以上中老年居民饮奶率仅为14.7%，其中城市居民饮奶率为27.2%，农村居民为6.8%。按年龄段划分，45～64岁、65岁及以上人群饮奶率分别为14.0%、16.2%，中老年人饮奶率较低。从饮奶量上看，45岁及以上中老年居民人均饮奶量为158.9克/天，其中城市居民、农村居民人均饮奶量分别为210.0克/天、66.7克/天；按年龄段划分，45～64岁和65岁人群人均饮奶量分别为133.3克/天、200.0克/天。[①] 可见城乡居民以及不同年龄段居民饮奶情况存在明显差异，城市居民饮奶量、饮奶率均显著高于农村居民，随着年龄

① 宋亮：《中国乳业进入3.0时代行业面临大洗牌》，《中国乳业》2018年第6期，第2—5页。

的增长，我国45岁及以上人群的饮奶率、饮奶量均有明显的提高（见图1-5、图1-6）。

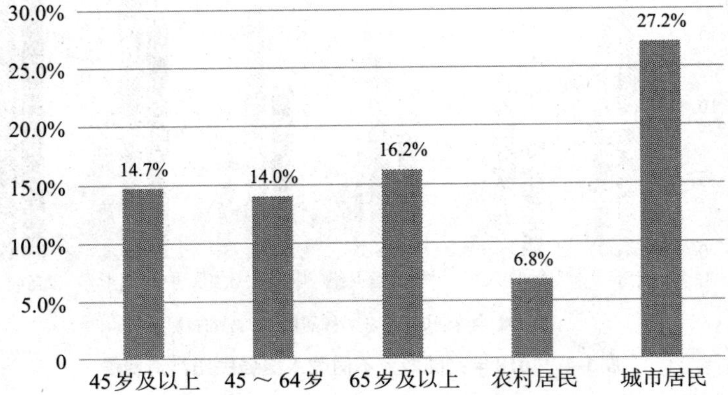

图1-5　2015年我国45岁及以上中老年人饮奶率情况

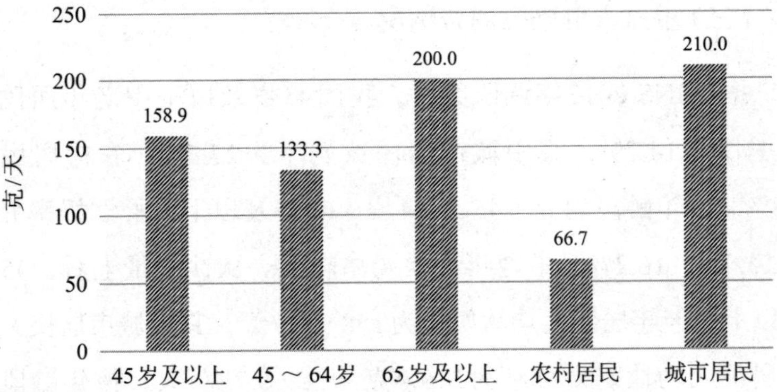

图1-6　2015年我国45岁及以上中老年人人均饮奶量情况

注：数据来源于中国健康与营养调查（CHNS），2015

（四）当前中国奶类消费具有消费量与干乳制品消费“双低”的特征

首先，中国与全球及典型国家奶类消费水平差距较大，消

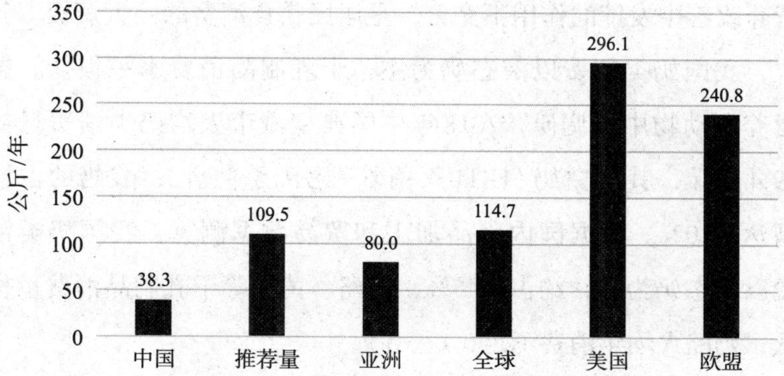

图1-7 典型区域人均奶类消费量及我国营养推荐量

费量约为世界平均水平的1/3，亚洲水平的1/2（见图1-7）。中国人均奶类消费量低也体现在与营养目标差距大，《柳叶刀》、“星球健康膳食”推荐人均每日奶制品摄入量分别为250～500克、500克，然而中国奶类消费仅为《中国居民膳食指南（2016）》推荐量的35.0%，与国际推荐量差距很大。奶类仅提供动物蛋白消费量的6.74%，分别低于日本、美国、德国及全球的14.83%、30.44%、40.24%和25.57%（见图1-8）。总体来看，中国奶类在

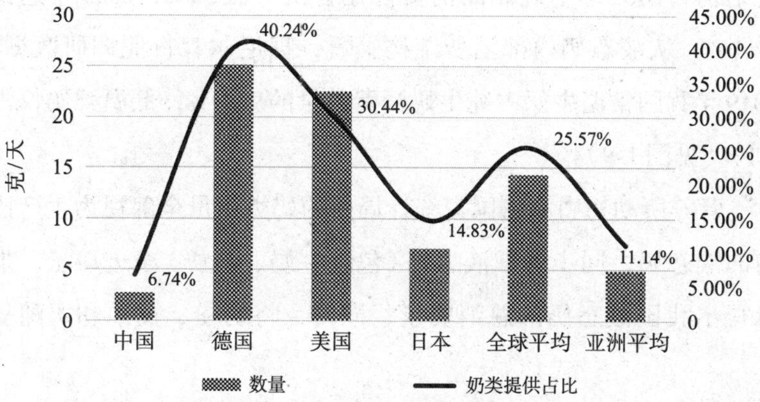

图1-8 典型区域奶类蛋白供应量及占动物蛋白比值

营养改善中发挥的作用不充分，是居民膳食消费的一大短板。其次，我国奶类消费以液态奶为主，干乳制品消费水平很低。据营养所动物中心调研，2018年中国典型城市人均奶类消费量约49.4公斤，其中白奶（UHT灭菌乳+巴氏杀菌乳）、酸奶的占比高达83.0%。另据国内乳品加工和贸易数据测算，我国奶类消费以液态奶为主，约占66.5%，奶酪、黄油等干乳制品消费量很低，奶酪人均年消费不足0.1公斤。

三、乳制品消费结构

我国乳制品消费结构不合理，突出表现在干乳制品和低温鲜奶少。据国内乳品加工和贸易数据测算，我国奶类消费以液态奶为主，约占66.5%，奶酪、黄油等干乳制品消费量很低，奶酪人均年消费不足0.1公斤。而奶业发达的欧美国家，乳品消费以干乳制品为主，液态奶和干乳制品的消费比例大致为3∶7。与我国饮食习惯较为相似的日本，也逐步形成了以干乳制品为主的消费结构，2005年干乳制品消费占比首次突破50%，2019年达到57.1%。从液态奶内部消费结构上看，据尼尔森行业调研数据，2019年我国常温牛奶占纯牛奶消费总量的92.9%，低温鲜奶仅占7.1%（见图1-9）。

营养所动物中心将国家统计局中的奶类产量全部视为生产国内的液态奶，同步考虑液态奶（包装牛奶、酸奶）净进口量，加总得出我国液态奶的总消费量；同时，将奶粉、黄油和奶酪等

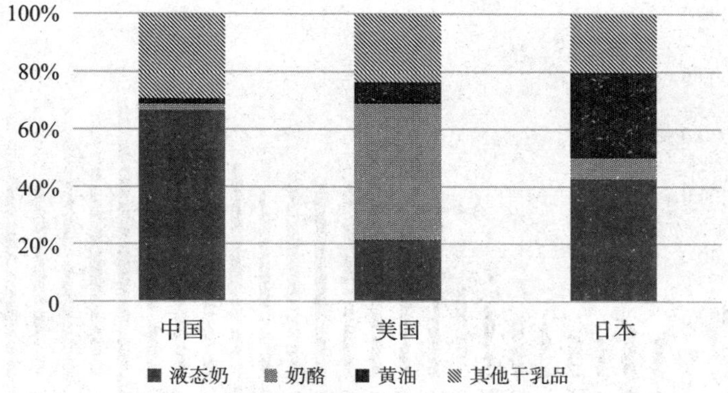

图1-9 中国及典型国家奶类消费结构对比

注：中国数据来自国际乳品联合会（IDF），2019；美国数据来自联合国粮食及农业组织（FAO）和国际乳品联合会（IDF），2019；日本数据来自日本农林水产省，2019

产品的净进口数据视作干乳制品不同品类的总消费量①。以此方法计，1995年我国液态奶消费量约671.1万吨（人均消费量约5.5公斤）、干乳制品消费量约45.0万吨（人均消费量约0.4公斤），到2020年分别增长至3648.2万吨（人均消费量约25.8公斤）、1757.9万吨（人均消费量约12.5公斤）。

图1-10显示，1995—2020年，我国奶类消费结构发生了显著变化，虽然液态奶消费在我国居民奶类消费中一直占据主导地位，但其消费占比却从1995年的93.7%大幅下降至2020年67.5%，与液态奶消费占比相对的是干乳制品消费水平的不断提升，同期干乳制品在奶类消费中的占比提高了26.2个百分点，特别是2009年之后，干乳制品的消费占比翻了一番，此后以年均15.0%的增速保持增长。

① 干乳制品按照1∶8折算为原料奶计。

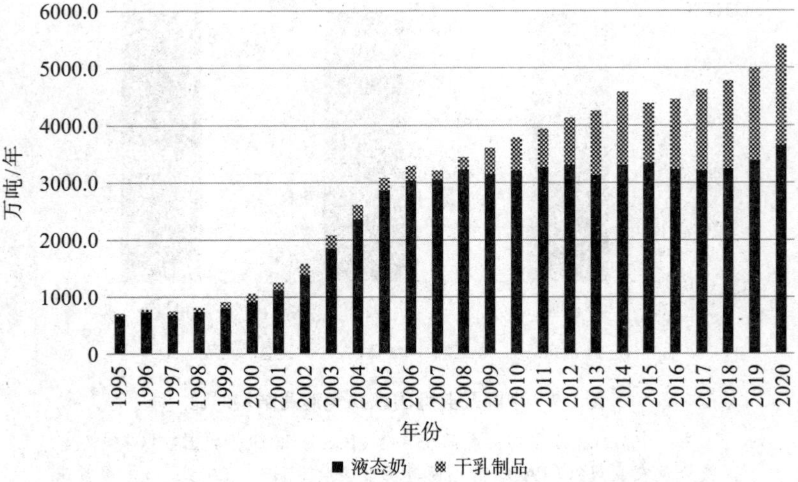

图1-10　1995—2020年我国液态奶和干乳制品消费趋势

进一步推算得出液态奶和各类干乳制品的结构变化，可以发现，奶粉、奶酪和黄油及其他干乳制品的消费量分别由1995年的16.0万吨、1.4万吨、0.8万吨和26.8万吨增长至2020年的1044.7万吨、103.1万吨、92.4万吨和517.6万吨；其在奶类消费中的占比分别从1995年的2.2%、0.1%、0.2%和3.7%上升至2020年的19.3%、1.9%、1.7%和9.6%（见图1-11）。

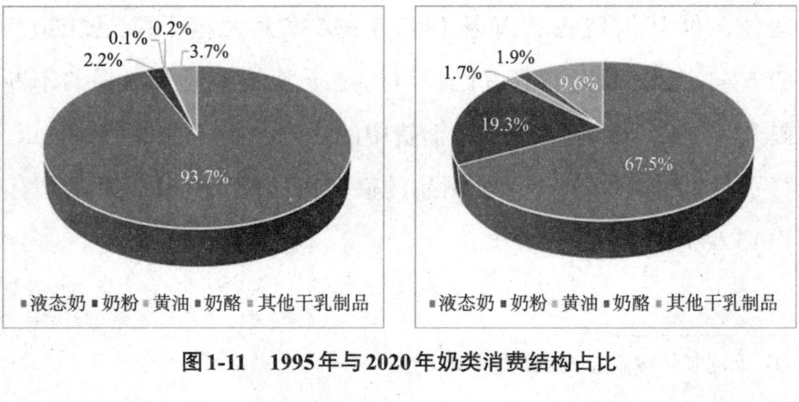

图1-11　1995年与2020年奶类消费结构占比

从各类干乳制品在奶类消费中的占比变化来看，2008年后各类干乳制品的占比均有不同程度的增长。在此期间，黄油和奶酪的消费交替上涨，其中，奶粉、黄油消费量在2009年均出现大幅上涨，年均增幅分别达540.7%和207.5%；奶酪及其他干乳制品的消费同年增幅各为21.3%、41.8%（见图1-12）。2008—2020年，奶粉、黄油、奶酪和其他干乳制品在奶类消费中的占比年均增长率分别为29.6%、19.6%、15.9%和6.1%。

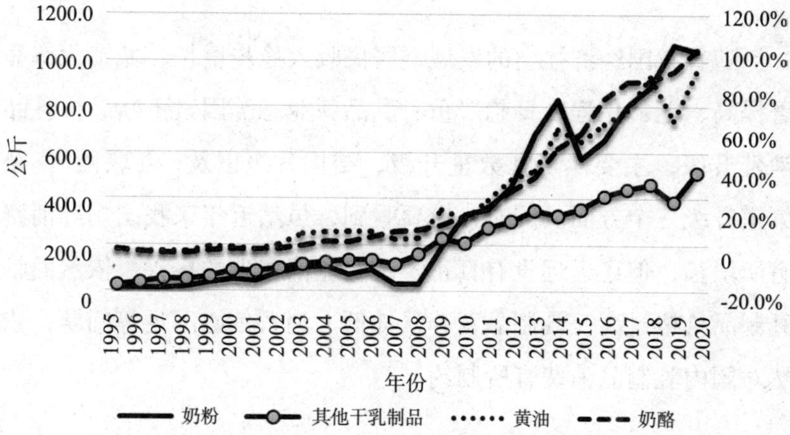

图1-12　1995—2020年干乳制品消费变化

第二章 乳制品消费升级成效与面临的问题

随着我国经济社会的发展，居民收入稳步增长、城镇化率显著提高、老龄化程度日趋严重、乳品新业态等因素不断助推乳品消费升级，主要体现在数量升级、结构升级以及“互联网+”全渠道升级三个方面。同时，也要看到，虽然近年来我国奶类消费有所增长，但还远远没有真正实现奶业消费上的振兴，依然面临乳制品价格过高、乳制品营养认知低、消费信心不足等问题，依然对国内乳制品消费有所制约。

一、乳品消费升级情况

（一）乳制品消费数量升级

在中共中央、国务院印发《“健康中国2030”规划纲要》政策的支持下，在政府及行业部门积极采取有力措施加强乳品质量监管，先后出台了《乳品质量安全监督管理条例》《关于推进奶业振兴保障乳品质量安全的意见》等一系列法规文件的保障下，我国奶类消费需求持续增长，消费总体规模持续增大。2020年，我国人均奶类消费量38.3公斤，全年奶类表观消费量达到5406

万吨，奶源自给率为65.6%，与2019年基本相当，实现了2008年下降以来的首次稳定，扣除全产业链5.3%的损耗，人均奶类可摄入量为36.6公斤，超过《中国食物与营养发展纲要（2014—2020年）》（以下简称《纲要》）推荐的36.0公斤。自1990年发布的第一部《纲要》以来，我国奶类消费量首次实现《纲要》推荐目标。根据营养所动物中心测算，2035年人均奶类年消费量将达到56.0公斤，与当前38.3公斤相比，人均消费量增长了17.7公斤，按人口14.5亿人计，届时奶类消费总需求将达到8120万吨，需求增长空间很大。

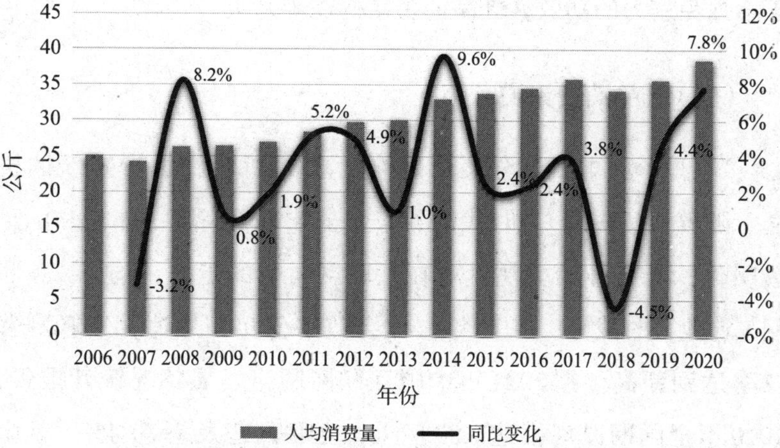

图2-1　2006—2020年我国奶类人均消费量及同比增长速度

（二）乳品消费结构持续升级

一是干乳制品占我国乳制品消费比重逐年提升，消费增速扩大，烘焙等新业态呈现快速发展势头。近5年，奶酪、奶油消费逐年大幅增长，年均增幅均在10%以上。2020年，奶酪、奶油产品消费占乳品总消费量的6.4%，奶酪、奶油消费增速分别增长了12.5%、35.2%。二是低温鲜奶发展迅速。近年来，低温乳品的市场份额逐步扩大，近4年一直保持20%以上的年均增长率。据零售行业数据，2004—2019年，低温液态奶的市场份额从2004年的17.0%增长到2019年的26.0%，其中低温鲜奶贡献了1个百分点。2020年乳制品总体消费受到抑制，在此情况下，低温鲜奶销售表现一枝独秀，低温鲜奶全年累计消费量同比增长25.6%，与2019年全年消费量同比11.1%的增幅相比，提高了1.3倍。低温鲜奶在不具有价格优势的前提下，消费者对其需求依然强劲，说明居民更加关注到乳制品的健康、营养，以及有助于增强免疫力的功效，乳品消费结构逐步升级。

（三）乳品消费渠道升级

“互联网+电商”全渠道融合为乳品消费升级带来新的机遇。随着“互联网+”时代的到来，全球市场高度一体化和信息透明化，乳企开始关注乳业在互联网时代的走向，构思“互联网+乳业”的战略。2020年，社会数字化转型加速，互联网普及率达到新高。据2021年中国互联网网络发展状况统计报告，2020年全国网民规模达9.89亿人，互联网普及率70.4%，其中城镇网民占比68.7%，农村网民占比31.3%。乳制品消费呈现多渠道快速发展趋势，内部销售渠道得到拓展，衍生出创新跨界超市（盒马鲜生、7FRESH）、社区团购、生鲜平台、直播电商、社交电商、微商等平台。乳制品销售的全渠道融合为乳品消费升级带来新的机遇，据尼尔森数据，2020年，低温鲜奶线上销售量同比增长171.1%。另据天猫商城数据，同期低温鲜奶、常温奶同比销量分别增长150.0%、50.0%以上。据外卖平台饿了么于2020年9月发布的《鲜奶外卖报告》数据，2019—2020年，低温鲜奶外卖订单增长一路高企，渗透率超过30%。由此可见，乳品零售从2009年的3.0电商时代进入2020年的4.0新零售时代。

二、乳制品价格不断上涨成为限制消费增长的重要因素

2020年，我国居民人均乳制品消费量38.3公斤，本研究立足原料奶价格、国内乳制品价格及其他相关畜产品价格数据分析，对比国际情况，认为我国奶价整体偏高，已成为居民奶类消费的一个主要制约因素。

（一）我国乳品市场价格上涨趋势明显

据商务部监测数据，我国常温奶（以UHT奶计，下同）零售价格从2010年的7.8元/升增长至2020年的12.2元/升，年均增长率为4.5%，明显高于同期白条鸡（0.5%）和鸡蛋（-0.1%）的年均增幅。2020年，我国居民人均食品消费支出6397元，按白奶酸奶加权价格12.2元/公斤、人均消费量38.3公斤/年计，乳制品支出占整个食品消费支出比重的7.4%，分别比2017年英国和日本乳制品消费支出占比高出1.4个百分点、3.5个百分点。据测算，要达到奶类营养目标，奶类消费支出需要在当前支出水平下提高865.0元，在整个食品消费支出占比需达到18.4%，将导致

恩格尔系数提高4个百分点[①]。

（二）奶制品价格年均增长率高于其他畜产品

与其他畜产品价格监测数据比较发现，白条猪、白条鸡和鸡蛋的零售价格每公斤分别从2010年的16.45元、16.04元、8.14元上涨至2019年的28.88元、17.43元、9.70元，年均增长率分别为6.5%、1.0%和2.0%，考虑非洲猪瘟对猪价上涨的影响较大，白奶和酸奶价格年均增长率明显高于白条鸡和鸡蛋。畜产品价格上涨主要受养殖、饲料、土地、劳动力等成本上涨推动，即使是考虑同步生产成本变化的提高，与其他畜产品相比，乳制品价格涨幅已经明显超过其本身成本的变化，说明乳制品不是只受饲料影响，也受其他因素的影响。

（三）我国乳制品消费支出占比在国际上处于较高水平

2019年，我国居民人均食品消费年支出6084.00元，按白奶和酸奶加权价格12.90元/公斤、人均消费量35.9公斤/年计，目前乳制品支出463.11元/年，占整个食品消费支出比重的7.6%，与2018年持平。相比2017年英国和日本，其人均乳制品消费量分别是我国的6.7倍、2.8倍，而乳制品消费支出占比分别为6.0%、3.9%，显著低于我国。2013年，德国人均乳制品消费量约370.2公斤，是中国的11倍，当年奶类占居民食物消费支出比

① 2020年全国居民恩格尔系数为30.2%，人均食品消费总支出为21210元，2020年奶类消费支出比重=470.9元/21210元（约2.2%）；要达到营养需求需增加865元，则奶类消费支出占比=470.9元+865元/21210元+865元（约6.0%）。

重约为11.0%。虽然我国人均乳制品消费水平不高，但其消费支出占比已经远高于日本和英国。

（四）我国居民对乳制品价格敏感

加工乳品与原料奶的比价是国际上评价乳品价格的一个重要指标，以常温奶计，2010—2019年我国加工乳品与原料奶的比价由2.7倍增至3.9倍，远高于目前国际上2.5倍左右的比价水平。据营养所动物中心测算，全国6座典型城市居民的6种乳制品自价格弹性都显著高于1，表明乳制品还不是生活必需品，消费者对乳品价格很敏感。进一步测算各类乳制品需求弹性，以液态奶为例，其收入弹性为1.74，表明收入每增加1%，人均奶类消费增长1.74%，而收入下降也将制约乳品消费增长，反之亦然。这表明消费者对乳品价格很敏感，对于绝大多数消费者而言，在质量没有明显差异的情况下，价格是首要考虑的因素。进一步测算，要达到《中国居民膳食指南（2016）》中奶类及奶制品推荐摄入量300克/天的营养目标值，奶类消费支出比重将在现有基础上再上涨16.7个百分点，在整个食品消费支出占比将接近1/4（24.30%），而如此高的支出比重是很难实现的，它将直接导致恩格尔系数提高4.7个百分点，居民的生活水平将从现在的富裕阶段跌至相对富裕阶段。

三、消费者营养与认知水平较低，尚未形成以健康为导向的消费习惯

（一）消费者对乳制品营养认知水平不高

调查发现居民对于巴氏杀菌乳和超高温灭菌乳在营养价值方

面认知水平较低，消费者对牛奶营养价值认知明显不足。《2019中国奶商指数报告》显示，消费者摄入量认知达标率仅40.4%，六成人不认为乳制品是每日膳食必需品。对乳品营养健康的认识率普遍较低，绝大多数消费者不了解常温奶和低温鲜奶的区别。从营养所动物中心的1068份调研数据来看，如果提高对乳品营养价值的认知，60%以上的消费者会增加牛奶消费。从经济学上分析，收入弹性大于1的为非生活必需品，据营养所动物中心测算，居民收入水平每提高1%，巴氏杀菌乳、灭菌乳、常温酸奶、低温酸奶、奶粉和奶酪奶油人均消费量将分别提高3.57%、0.99%、1.21%、2.47%、2.45%和2.17%，除灭菌乳之外，其他各类乳品的收入弹性均明显大于1，说明乳品还不是城乡居民的生活必需品。2020年凯度家庭购买监测数据显示，乳品仍具有很强的礼赠、节日消费属性，福利礼赠渠道销售额占比为14.20%。

2020年消费者对营养健康、提高免疫力的关注度大幅提高，对健康、新鲜的需求尤甚，带动奶类需求增长。《2020中国奶商指数报告》显示，2020年中国公众奶商指数62.7分，高于2019年的60.7分，其中96.0%的消费者认为喝奶对增强免疫力的作用很大，尤其对乳铁蛋白帮助提升免疫力的价值认同度高。同时，参考"非典"疫情数据，2003年"非典"疫情下，人均奶类消费增长26.0%，与2002年相比，增幅提高30.0%，说明消费者健康消费意识增强作用较为明显。

（二）我国居民牛奶消费历史不长，消费习惯亟待培养

在长达数千年的古代中国，乳汁及其制品并不是人们普遍所

接受和享用的食物资源[①]，晚清以前，上海等大城市居民没有喝牛奶的饮食习惯，牛奶在当时不仅不受热捧，反而因其本身含有细菌，具有饮用安全威胁，遭到人们的冷落[②]。20世纪80年代，我国奶资源生产仍较为低下，人均奶类年消费量仅1.4公斤，乳品销售以奶粉为主，少量瓶装巴氏奶集中在上海、北京等人口密集城市，销售范围小[③]。1997年，伊利集团与利乐公司首次合作，率先在中国引进UHT牛奶加工工艺和利乐无菌包装设备[④]，乳制品市场供给开始逐渐由奶粉转为以UHT常温奶为主，解决了液态奶保质期短、不能长距离运输等问题，居民奶类消费进入较快增长期，逐步形成了以常温液态奶为主的消费结构。

现阶段，我国乳制品消费以液态奶为主，约占66.5%，奶酪、黄油等干乳制品消费量很低，比如奶酪人均消费不足0.1公斤/年。2018年，全球、美国、欧盟及日本液态奶消费占比分别为28.8%、29.1%、24.6%、55.5%，发达国家液态奶和干乳制品的消费比例约为3∶7，而我国却恰恰相反[⑤]。从内部消费结构看，属于低温乳制品少、常温乳制品多。据尼尔森数据，2019年，

① 顾佳升：《溯成语“醍醐灌顶”之本源——看奶类在古代中国饮食结构中的地位》，《中国乳业》2008年第6期，第76—78页。

② 章斯睿：《塑造近代中国牛奶消费：对近代上海乳业市场发展及其管理的考察》，上海社会科学院出版社2020年版。

③ 宋亮：《中国乳业进入3.0时代行业面临大洗牌》，《中国乳业》2018年第6期，第2—5页。

④ 王宁宁：《利乐布局中国》，《乳品与人类》2003年第6期，第18—21页。

⑤ 全球、美国、欧盟及日本数据来源于国际乳品联合会（IDF），*The World Dairy Situation 2019*；中国数据来源于2019年国家统计局、海关总署，液态奶占比=干乳制品净进口量折算成干乳制品人均消费量，推算出液态奶占比约66.5%。

低温乳制品消费占比为26.0%，其中巴氏杀菌乳的消费占比仅为4.0%，常温乳制品占比高达74.0%。结合中国人饮食特点，不喜欢吃生冷食物，没有奶酪等干乳制品消费习惯，乳制品消费方式还没有从喝奶转向吃奶，仍然需要长期培养并加强消费引导。从整体上判断，目前我国奶类消费还处于“喝上奶”这个阶段，亟待培育消费者健康饮奶习惯。

四、消费者对政府发布的乳制品质量相关信息关注度低，对国产乳品缺乏信心的消费心理仍然延续

十年间，我国奶业基本构筑起安全防线，2020年，生鲜乳蛋白、乳脂肪的抽检平均值分别为3.78%、3.27%，与发达国家美国（乳蛋白3.1%、乳脂肪3.5%）、德国（乳蛋白3.4%、乳脂肪4.0%）和澳大利亚（乳蛋白3.5%、乳脂肪4.5%）相比，还有提高空间。尽管我国生鲜乳质量安全目前已处于历史最好水平，国家市场监督管理总局公布的数据显示，2020年在大宗食用农产品中，乳品抽检合格率为99.86%，连续五年在99.00%以上，明显高于食品合格率平均水平，是抽检合格率最高的一类食品（见表2-1），但是，消费者对于国产乳制品的安全问题还有很多焦虑和关切，消费者信赖国外乳品品质的心理还在延续。

据新冠肺炎疫情期间消费者对乳制品认知调研结果，我国消费者虽然对奶源质量、乳品抽检结果等信息需求高，但实际真正关注、了解的相关信息却非常少，超过95.0%的消费者不知道由相关机构每年发布的国产生鲜乳质量检查结果。这说明尽管我国生鲜乳质量监管机制设立已久，政府、媒体也对我国近年来生鲜

乳质量提升进行一定宣传科普，但消费者对乳品质量安全信息认知程度还是非常低。居民对乳制品质量安全的信任偏低，对国产乳制品安全性仍存疑虑，消费者愿意为优质乳制品和经过安全认证的乳制品支付比普通乳品高14.8%、29.0%的价格，反映出消费者为确保乳制品安全而消费高价乳制品。在我国，乳制品不是生活必需品，它被定位为营养品，甚至成为送礼佳品，广告宣传侧重推广高档乳制品，这对消费者的影响也是很直接的。

表2-1　　2018—2020年国内食品及乳品抽检不合格情况

项目	2018年		2019年		2020年	
	食品	奶制品	食品	奶制品	食品	奶制品
合格记录数（万件）	327.5	5.5	463.0	7.2	638.7	8.9
不合格记录数（万件）	8.10	0.01	10.80	0.02	14.80	0.01
不合格比例（%）	2.5%	0.2%	2.3%	0.3%	2.1%	0.1%

注：数据来源于国家市场监督管理总局，2020

据商务部和海关数据，2020年国内UHT奶均价12.23元/公斤，包装奶进口均价为8.68元/公斤，两者价差为3.55元/公斤，与2019年相比，价差扩大了4.01%。液态奶总体进口价格明显低于国内市场价格，但仍有少部分高价液态奶进口到国内，说明国内一部分消费者仍在追捧进口液态奶。

第三章

收入对居民乳制品消费结构的影响

据《OECD-FAO农业展望报告2019—2028》，在发展中国家收入和人口增长的共同推动下，预计未来十年全球人均新鲜乳制品消费量年均增量将达到1.0%，中国人均乳制品消费量虽然显著低于世界平均水平，但预计未来也将发生显著性增长。人口增长、城乡居民收入提高和城镇化发展对食物消费总量和消费结构提出更高的需求（黄季焜，2018），食物消费向富含蛋白质的动物性食物方向转型升级（李国景等，2019）。郑志浩等（2015）预测，随着食物支出水平的上升，消费奶类支出比重显著上升，预计在2030年将达到9.3%。2009—2019年，我国人均奶类表观消费量由2009年的26.5公斤/年增长至2019年的35.9公斤/年，提高了9.4公斤，年均增长率为3.1%，表明居民乳制品消费量持续增长。同期，国产液态奶消费量由1277万吨增至1748万吨[①]，年均增速3.2%，每升液态奶价格由7.8元提高至11.9元，年均增速4.4%，我国居民液态奶消费呈现“量价齐增”的态势。传统乳制

① 2009—2019年液态奶结构演变根据尼尔森零售监测数据库计算得出白奶占比，2009年为81.0%，2019年为57.1%。

品消费增加的同时，新产品新业态奶类消费增长较快，例如奶酪奶油、咖啡等。据行业测算，近5年烘焙行业市场规模年均增速10%以上，添加奶油奶酪烘焙产品很受市场欢迎。据行业专家判断，2019年人均咖啡消费量7.2杯，按每杯330毫升、50%含奶量计，全年咖啡用奶量156万吨，与2018年相比，增长16.5%。总结来看，奶酪等新型乳制品成为未来乳品消费新的增长点。

一、收入对居民乳制品消费的影响研究现状

从已有学术研究来看，国内外学者一致认为收入和价格是决定城镇居民乳制品消费量增长的重要因素。全世文等（2017）采用选择实验法分析发现收入对进口奶粉偏好具有正向影响。翟世贤等（2017）运用双尾截取Tobit模型考察收入和城市化对巴氏奶和常温奶消费结构的影响，提出巴氏奶市场份额将随居民收入水平的持续提高和城市化的推进而显著上升。胡定寰等（2004）通过Heckman Selection模型检验发现，云南省消费者的家庭收入对购买酸奶有显著的影响。Fuller等（2007）也发现北京、上海及广州三个城市总体酸奶需求量随着收入的增加而增加。许世卫（2019）、聂迎利（2009）和张岩等（2017）分别研究证实了收入水平是影响城镇居民奶类消费需求的主要因素、奶类消费支出随人均可支配收入的提高而增加，奶类是所有动物性食物中需求收入弹性最高的食品。相似的研究还有Wu等（2017）在有条件的支出弹性下研究城市居民乳制品支出弹性是所有食物中最高的，且乳制品支出将快速增长；郑志浩等（2015）研究提出动物性食物的支出占食物总支出的比重将会进一步提高，奶类支出弹性值为1.867。

现有文献尽管证实了收入对乳制品消费的正向促进作用，对本章进一步研究城镇居民收入与乳制品结构的关系提供了借鉴和帮助，但也存在不足，大多研究集中在乳制品总量、液态奶、酸奶上，对近几年广受欢迎的常温酸奶、巴氏杀菌乳和奶酪奶油等新兴型乳制品缺乏研究，数据比较老旧且缺乏时效性，研究区域也有一定局限性（Yen等，2004；Zheng，2015）。为了弥补上述研究的缺陷，本章重点关注我国城镇居民乳制品消费结构如何随收入增长而变化，以及传统型和新兴型乳制品之间的替代效应。与过去的研究相比，此次研究的创新点如下 。第一，将乳制品进行详细分类，将乳制品分为7种常见的产品，包括巴氏杀菌乳、灭菌乳、常温酸奶、低温酸奶、奶粉、黄油和奶酪[①]，这些乳制品既包括传统的液态奶和奶粉，同时也包括未来可能消费增速较快的乳制品，如巴氏杀菌乳、奶酪等。第二，探究不同乳制品之间的替代关系。现有文献对乳制品的分析，一是影响乳制品需求的重要因素，如陆海霞（2009）和聂迎利（2009）的研究；

① 根据国标GB 2760或者GB 14880的附录，乳制品可分为七大类；液体乳类（巴氏杀菌乳、灭菌乳、调制乳）、发酵乳及风味发酵乳（常温酸奶、低温酸奶）、乳粉及其调制产品、炼乳及其调制产品、稀奶油（淡奶油）及干酪和再制干酪。巴氏杀菌乳，GB 19645—2010食品安全国家标准《巴氏杀菌乳》中定义巴氏杀菌乳即通过挤奶从健康的牛（羊）等获得的正常乳汁分泌物原料，仅经过巴氏杀菌等工艺处理而得的液体产品，且不添加任何物质。目前，对于巴氏杀菌并没有一个统一的定义和要求，在不同国家、企业里，巴氏杀菌乳处理也各不相同。巴氏杀菌工艺在我国国家标准中规定高温短时间杀菌温度为72℃～85℃。美国食品药品管理局对巴氏杀菌处理规定最低温度为72℃。相比于常温奶杀菌工艺，巴氏杀菌对牛奶的营养活性破坏较小，除少数特别热敏感的物质外，巴氏杀菌乳保留了生鲜乳的大部分原有成分（王加启等，2016）。

二是乳制品与其他产品的替代，如郑志浩（2015）的研究，而很少关注具体类别的乳制品之间的替代关系。为着重研究上述问题，本研究基于2018年全国6座典型城市大样本调查数据，试图从微观消费者的消费行为入手，探索乳制品消费结构变化及相互替代关系，从而有助于实现乳品结构调整，促进乳业产业经济发展。

二、模型设定

收入增长是影响消费增长及消费结构变化的重要影响因素，例如聂迎利（2009）和张岩等（2017）的研究文献，而QUAIDS（Quadratic almost ideal demand system，下文简称QUAIDS模型）系统模型具有完全符合选择公理、允许单个消费者需求加总，为与典型消费行为一致的市场需求以及没有施加加总偏好，因此适用于微观住户数据，并可用于汇总。正如上文所言，乳制品分类较多，不同乳制品之间也具有替代关系，建立Tobit模型，估计乳制品收入弹性；最后，基于QUAIDS模型估计的各类乳制品支出弹性与Tobit模型估计的乳制品收入弹性，估算各类乳制品收入弹性。为了实证回答本章提出的问题，采取如下研究方法。首先，为考察收入和价格对奶类需求结构的影响，将设定并估计一个两阶段QUAIDS模型，许多研究把AIDS模型作为两阶段或多阶段预算框架模型，相比于AIDS模型较难反映消费支出的非线性趋势，QUAIDS模型的优点在于：第一，加入了支出的二次项，从而允许检验模型中各类乳制品的支出份额与总支出之间是否存在非线性关系，更符合经济规律，从而更好地拟合真实的数据（吴蓓蓓等，2012；张玉梅等，2012；许菲等，2018）；第二，QUAIDS模型需求支出弹性及其标准差估计结果表现较好（范金等，2011）。本研究中城市居民乳制品消费支出由7个项目构成，如果将这7个种类放在一个完整的需求系统进行估计，将导致自由度降低，运算困难。因此研究设立两阶段预算方法，第一阶段，消费者将其乳制品总支出在不同乳品种类间进行配置，如7类乳品支出项目；第二阶段，建立Tobit模型。

（一）QUAIDS模型设定

本研究进行城镇居民乳制品需求分析时采用Banks等（1997）提出的二次型近似理想需求系统模型，它是在Deaton等（1980）提出的AIDS（Almost Ideal Demand System）模型上发展演变而来的，与AIDS模型相比加入支出的二次项，使函数形式扩展成为非线性的形式，从而允许检验模型中每一种乳制品的支出份额与总支出之间是否存在非线性关系。QUAIDS模型的一般函数式如下：

$$w_i = a_i + \sum_{j=1}^{n} \gamma_{ij} \ln(p_j) + \beta_i \ln\left[\frac{m}{a(p)}\right] + \frac{\lambda_i}{b(p)}\left\{\ln\frac{m}{a(p)}\right\}^2 + u_i \quad (1)$$

其中，i、j表示城市居民消费的第i、j种乳制品（i，j=1，2，3…6），包括n为需求系统内的乳制品种类，即n=6，这里研究的乳制品分为6类，包括巴氏杀菌乳、灭菌乳、常温酸奶、低温酸奶、奶酪奶油和奶粉；w_i表示第i种乳制品支出占系统中乳制品总支出m的比重；p_j表示第j种乳制品的价格；m表示用于乳制品消费的总支出；α_i 、γ_{ij} 、β_i 及λ_i均为待估参数，u_i为误差项，假定服从联合正态分布。

（1）式中，$a(p)$ 和 $b(p)$ 表示价格指数，分别定义为：

$$\ln a(p) = a_0 + \sum_{j=1}^{n} a_j \ln(p_j) + 0.5\sum_{i=1}^{n}\sum_{j=1}^{n} \gamma_{ij} \ln(p_i)\ln(p_j) \qquad (2)$$

$$b(p) = \prod_{i}^{n} p_i^{\beta_i} \qquad (3)$$

QUAIDS模型是基于给定效用水平下的消费者支出最小化问题，因此应符合各种乳制品的支出占比总和为1，（1）式的消费需求系统模型理论上需要满足以下三个基本的约束条件：第一，满足加总性，即保证每种乳制品的支出总和等于总支出；第二，满足齐次性，即使价格与支出的等比变化不影响乳制品需求量；第三，满足对称性，即保证补偿的需求曲线对乳制品价格的齐次性。为满足这些理论需求，模型（1）中的参数必须符合如下要求：

$$\sum_{i=1}^{n} \alpha_i=1，\sum_{i=1}^{n} \gamma_{ij}=0，\sum_{i=1}^{n} \beta_i=0，\sum_{i=1}^{n} \lambda_i=0 \qquad (4)$$

齐次性指所有价格和支出成比例变化对需求没有影响，对应的参数要求为：

$$\sum_{j=1}^{n} \gamma_{ij} = 0 \qquad (5)$$

对称性指希克斯需求函数的交叉价格导数相等，则有：

$$\gamma_{ij}=\gamma_{ji}，\ i \neq j \qquad (6)$$

根据Banks等（1997），消费品的非补偿交叉价格弹性计算公式为：

$$e_{ij} = w_i^{-1}\left\{\gamma_{ij} - \left(\beta_i + \frac{2\lambda_i}{b(p)}\right)\left[\ln\left(\frac{m}{a(p)}\right)\right]\left(a_j + \sum_{i=1}^{n}\gamma_{ij}\ln(p_j)\right) -\right.$$

$$\left.\frac{\lambda_i\beta_j}{b(p)}\left[\ln\left(\frac{m}{a(p)}\right)\right]^2\right\}-\delta_{ij} \tag{7}$$

注意，如果i=j，则δ_{ij}=1；否则，δ_{ij}=0。

支出弹性计算公式为：

$$e_i = 1 + w_i^{-1}\left[\beta_i + \frac{2\lambda_i}{b(p)}\ln\left(\frac{m}{a(p)}\right)\right] \tag{8}$$

借鉴Edgerton（1997）的思想，第二阶段各项乳制品的需求收入弹性等于乳制品的消费收入弹性与乳制品i的支出弹性的乘积，即：

$$\eta_i = e_{d(i)} \times e_i \tag{9}$$

其中，$e_{d(i)}$表示乳制品的需求收入弹性，在后文的Tobit模型中得到，e_i表示乳制品i的支出弹性。

（二）Tobit模型估计乳制品收入弹性

运用QUAIDS模型无法直接获得各项乳制品的收入弹性，因此，为了更进一步了解城镇居民的乳制品消费行为是如何随收入变化而变化的，本节在Fuller等（2007）和Bai等（2008）等研究成果的基础上，构建了一个城镇居民乳制品消费支出的Tobit估计模型，从而获得乳制品消费支出的收入弹性。

假设个体i可观察到的乳制品消费量可设定为：

$$y_i = \begin{cases} y_i^* = X_i\beta + \varepsilon_i^* \\ 0 \end{cases} \quad if \quad \begin{cases} y_i^* > 0 \\ y_i^* \leqslant 0 \end{cases} \tag{10}$$

其中，y_i^*表示无法观察到的潜变量，它是一系列解释变量的线性函数；ε_i^*为误差项，假设它服从正态分布$\varepsilon_i^* \sim iddN(0, \sigma^2)$。

对于一系列可观察到的因变量（y_1，y_2，…，y_n），上述模型的最大似然函数为：

$$L(\beta,\sigma;y)=\prod_{i:y_i=0}F\left(\frac{-X_i\beta}{\sigma}\right)\prod_{i:y_i>0}\sigma^{-1}f\left(\frac{y_i-X_i\beta}{\sigma}\right) \tag{11}$$

其中，F和f分别表示标准正态变量的分布函数和概率密度函数；$\prod_{i:y_i=0}(\cdot)$表示当$y_i^*\leqslant 0$时，个体i的乘积；$\prod_{i:y_i>0}(\cdot)$表示当$y_i^*>0$时，个体i的乘积。通过上述函数的对数形式最大化，便可以得到（β，σ）的最大似然估计值。Amemiya（1973；1984）证明了上述估计得到的参数结果是一致的，符合渐进性。

对于公式（1），无条件购买的期望值为$E(y)=X\beta F(z)+\sigma F(z)$，$z=X\beta/\sigma$。当消费者支出为正的时候，期望值为$E(y|y_i^*>0)=X\beta+\sigma[f(z)/F(z)]$。因此，两者之间的关系为$E(y)=F(z)E(y|y_i^*>0)$。用上式对$x_k$求导，可得：

$$\frac{\partial E(y)}{\partial x_k}=F(z)\left[\frac{\partial E(y|y_i^*>0)}{\partial x_k}\right]+E(y|y_i^*>0)\left[\frac{\partial F(z)}{\partial x_k}\right] \tag{12}$$

其中，$\partial E(y|y_i^*>0)/\partial x_k$表示有条件购买的变化，或者说有条件购买的边际效应。它可以识别对于乳制品消费支出大于零的消费者，当自变量x_k变化时，居民乳制品消费量的变化程度。$\partial F(z)/\partial x_k$表示对于乳制品消费支出为零的消费者，当自变量$x_k$变化时，居民消费乳制品概率的变化程度；$F(z)$和$E(y|y_i^*>0)$分别表示购买概率和购买的条件期望值。

（3）式两边同时乘以$x_k/E(y)$并简化，可得弹性表达式：

$$\frac{\partial E(y)}{\partial x_k}\cdot\frac{x_k}{E(y)}=\frac{\partial E(y|y_i^*>0)}{\partial x_k}\cdot\frac{x_k}{E(y|y_i^*>0)}+\frac{\partial F(z)}{\partial x_k}\cdot\frac{x_k}{F(z)} \tag{13}$$

i.e.$\xi_{uncond}=\xi_{cond}+\delta_{pp}$

其中，

$$\text{i.e.}\ \xi_{uncond}=\frac{\partial E(y)}{\partial x_k}\cdot\frac{x_k}{E(y)}\ ;\ \xi_{cond}=\frac{\partial E(y|y_i^*>0)}{\partial x_k}\cdot\frac{x_k}{E(y|y_i^*>0)}\ ;$$

$$\delta_{pp}=\frac{\partial F(z)}{\partial x_k}\cdot\frac{x_k}{F(z)} \tag{14}$$

分别表示无条件弹性、有条件弹性和购买概率弹性。

各类乳制品的收入弹性是根据各类乳制品支出弹性和乳制品收入弹性计算得出，标准误则是根据Bohrnstedt and Goldberger（1969）的计算方法，Delta公式计算得出，详见公式（9）。即：

$$\mathrm{Var}(e_d e_i)=E^2(e_d)\times \mathrm{Var}(e_i)+E^2(e_i)\times \mathrm{Var}(e_d)+\mathrm{Var}(e_i)\times \mathrm{Var}(e_d)$$

对上述计算得到的方差取平方根便得到相应的标准误。

三、数据来源与描述性统计

（一）样本说明

本章数据来源于2018年7—8月在全国6座典型城市对3000户居民开展的个人乳制品消费线上调研，共发放调查问卷3000份，实际回收2992份，问卷的回收率为99.7%（见表3-1）。剔除了由理解有误导致的变量缺失、奶类消费量高于或低于正常值2倍以上异常值导致的无效观察样本，以及266个乳制品消费总支出为0的样本后，实际回归用到的样本为2726个。导致QUAIDS模型的因变量只有2726个的原因有三个：首先，剔除了收入2000元以下的样本，原因是乳制品消费异常高于其他收入组；其次，剔除西安市家庭收入在2000～4000元但人均乳制品消费大于51.60公斤/年或人均液态奶消费大于19.65公斤/年的不合理样本；最后，剔除因为因变量缺失不能进行回归的奶类消费总支出为0的样本。

表3-1　　样本基本特征统计

（单位：个）

样本特征	细分变量	频率	样本特征	细分变量	频率
性别	男	1347	居住地	呼和浩特	437
	女	1379		成都	453
年龄	≤19	171		哈尔滨	451
	20～29	714		南京	470
	30～39	700		武汉	477
	40～49	878		西安	438
	≥50	263	家庭月收入（元）	2000～4000	55
受教育程度	初中及以下	61		4001～6000	113
	高中/中专/技校/职高	266		6001～8000	198
				8001～10000	307
	大专	516		10001～20000	1113
	本科	1479		20001～30000	616
	研究生及以上	404		30000以上	324

调研所采用的抽样方法如下。首先，为保证样本具有一定的覆盖面和代表性，样本城市选取以中国地理区域为划分依据，我国奶业生产情况受地理区位、气候因素影响，呈现明显的区域性特征，而不同地域所形成的特色区域性膳食模式及乳制品消费习惯也不尽相同。据此，在每个区域选择1个典型城市进行调研，最终选取呼和浩特、成都、哈尔滨、南京、武汉、西安6座城市分别代表不同经济增长水平的典型地区，同时考虑乳业生产区与消费区。其次，由于线上调研用户多集中在年龄较小

的青年群体，为保证调研样本年龄分布的合理性，对调研样本年龄分布参照国家统计局人口结构比例，在每个城市内和不同年龄群体的调研人群采取随机抽样的原则。最后，样本分为饮奶者和非饮奶者，对有饮奶习惯和没有饮奶习惯的人群分别进行不同问卷调研。

（二）城镇居民乳制品消费特征描述

总样本中有消费乳制品的样本2410个，非乳制品消费样本316个，总样本中有13.1%的受访者不消费乳制品；考虑了零乳制品消费者对均值的影响后，人均乳制品消费量为54.2公斤[①]，其中巴氏杀菌乳、灭菌乳、常温酸奶、低温酸奶、奶粉、奶酪和奶油的消费量分别为8.1公斤、17.9公斤、9.8公斤、9.1公斤、5.0公斤、2.5公斤和1.8公斤。总的来看，白奶、酸奶、奶粉及干乳制品占乳制品消费比重分别为48.0%、34.9%、9.2%、7.9%，液态奶占比高达82.8%，依然是乳制品消费的主要形式。

城市居民人均乳制品消费量随收入增加而上升。人均奶类消费量在最高收入组（家庭月收入为30000元以上）达到最高65.14公斤/年，除纯牛奶在家庭月收入20001～30000元收入组达到最高，其余各类乳制品消费量均在最高收入组达到最高。奶油和奶酪人均消费量在最低收入组消费量很低，奶油消费在家庭收入2000～4000元组为0，但随着收入提高，这两类乳制品人均消费量明显增长，分别在最高收入组达到最高。除了纯牛奶外，各类乳制品人均消费量均在最高收入组达到最高，白奶人均消费量

① 液态奶和酸奶的折算系数按1:1；奶粉、黄油和奶酪按1:8折算成原奶计。

在20001～30000元收入组达到最高后，在30000元以上收入组消费有所下降，导致纯牛奶消费量下降的原因是最高收入组人均灭菌乳消费量大幅降低，人均消费量减少2.6公斤（见表3-2）。最高收入组巴氏杀菌乳人均消费量比20001～30000元收入组还高出0.9公斤。

表3-2　城市居民不同收入组人均奶类调研消费量

（单位：公斤/年）

家庭月收入（元）	乳制品	白奶	酸奶	奶粉	奶酪	奶油
2000～4000	16.74	7.36	6.51	2.55	0.28	0.04
4001～6000	35.65	18.13	12.36	4.26	0.85	0.06
6001～8000	43.15	23.48	14.07	4.07	0.91	0.62
8001～10000	45.63	22.01	16.87	4.07	1.31	1.37
10001～20000	56.82	27.16	19.84	5.23	2.71	1.87
20001～30000	58.52	29.17	20.14	4.76	2.57	1.87
30000以上	65.14	27.44	23.29	6.68	4.63	3.10

注：数据来源于农业农村部食物与营养发展研究所，2018

进一步考虑不同地区、不同收入组奶类消费的差异，除武汉和西安乳制品消费随着收入的增加而增加，其余城市乳制品消费量在不同收入区间内达到最高。具体分品类来看，有以下三个主要特征。第一，成都、武汉在20001～30000元收入组的白奶消费量最大，随着收入的增长，纯牛奶消费量呈下降趋势；而呼和浩特以及西安地区，人均纯牛奶消费量保持收入上升、消费上升的态势，纯牛奶消费在最高收入组达到最高。第二，成都、哈尔滨、武汉人均酸奶消费量在8001～10000元收入组前不断上升，在8001～10000元收入组时人均消费量陡然下降，之后又随收入升高再次增加，表明酸奶消费受到除收入以外的其他因素影响。南京作为主消费区，人均酸奶消费量在8001～10000元收入组达到最高。同时，呼和浩特作为奶类主产区和主消费区，人均酸奶消费量在最高收入组达到6座城市中27.8公斤的最高值。第三，呼和浩特、武汉和西安3座城市奶酪和奶油人均消费量在30000元以上收入组达到最高，其他城市奶酪奶油人均消费量随着收入增加呈波动变化趋势，总体上看，呼和浩特以及西安地区受消费习惯影响，其奶酪消费量明显高于其他地区（见表3-3）。

表3-3　　分城市不同收入组乳制品消费量

（单位：公斤/人/年）

分类	家庭月收入（元）	呼和浩特	成都	哈尔滨	南京	武汉	西安
乳制品	2000～4000	15.28	24.80	9.20	20.85	14.27	11.41
	4001～6000	31.00	42.95	33.83	47.61	24.89	16.60
	6001～8000	33.32	44.26	47.07	39.46	29.02	37.02
	8001～10000	50.52	29.25	39.60	52.96	27.46	36.59
	10001～20000	48.15	44.58	48.05	49.79	47.03	53.10
	20001～30000	46.96	47.34	54.35	51.31	50.81	52.42
	30000以上	62.34	40.68	54.13	47.53	50.90	61.63
白奶	2000～4000	9.69	15.60	3.65	16.72	6.83	1.95
	4001～6000	19.51	25.40	20.51	26.53	9.99	9.97
	6001～8000	20.83	25.02	27.10	29.48	19.23	22.20
	8001～10000	28.47	19.31	22.15	27.72	16.39	18.06
	10001～20000	27.26	27.47	26.62	28.37	25.57	28.05
	20001～30000	28.41	28.30	32.99	28.69	28.19	29.55
	30000以上	32.01	21.60	27.79	25.12	26.29	32.85
酸奶	2000～4000	4.68	8.94	5.45	4.13	7.44	9.46
	4001～6000	10.85	16.89	12.90	18.73	14.34	6.55

续表

分类	家庭月收入（元）	呼和浩特	成都	哈尔滨	南京	武汉	西安
酸奶	6001 ～ 8000	11.95	17.90	19.29	9.38	8.66	14.52
	8001 ～ 10000	20.89	9.60	16.61	24.28	10.51	17.52
	10001～20000	19.62	15.79	20.26	20.42	20.16	23.77
	20001～30000	17.42	18.14	20.01	21.29	21.18	22.24
	30000 以上	27.84	17.96	24.38	21.15	23.22	25.91
奶粉	2000 ～ 4000	0	2.08	0.57	0	0	0
	4001 ～ 6000	1.33	2.17	2.37	18.62	4.53	0.62
	6001 ～ 8000	0.11	6.44	4.38	4.51	6.59	0.88
	8001 ～ 10000	1.25	2.17	4.78	4.91	3.24	1.78
	10001～20000	3.37	4.47	4.93	5.16	7.24	5.00
	20001～30000	3.94	4.25	5.76	5.88	6.15	1.89
	30000 以上	6.50	7.13	9.25	3.70	2.49	12.02
奶酪	2000 ～ 4000	0.10	0	0	0	0	0
	4001 ～ 6000	0.80	2.77	0.92	0.24	0	0
	6001 ～ 8000	0.10	4.20	0.19	0.20	1.84	0.13
	8001 ～ 10000	1.10	0.36	0.49	1.74	0.32	3.11
	10001～20000	3.00	3.04	2.67	1.86	1.94	3.68
	20001～30000	3.50	1.73	2.15	2.79	3.47	1.16
	30000 以上	5.80	0.83	3.49	4.65	5.25	7.09
奶油	2000 ～ 4000	0	0	0.19	0	0	0
	4001 ～ 6000	0	0.28	0.08	0	0	0
	6001 ～ 8000	0.14	0	0.84	0.17	0.55	1.41
	8001 ～ 10000	0.67	0.20	1.43	1.01	0.91	3.20
	10001～20000	2.64	3.09	1.80	1.00	1.16	1.55
	20001～30000	1.49	1.20	2.96	1.98	1.87	1.94
	30000 以上	6.33	0.90	2.94	1.70	3.33	3.87

四、模型估计与结果

（一）基于QUAIDS模型回归所得的弹性分析

表3-4显示的是QUAIDS模型估计出的支出弹性值与价格弹性值，对于巴氏杀菌乳、灭菌乳、常温酸奶、低温酸奶、奶粉和奶酪奶油的支出弹性值估计结果及其显著性。各类乳制品的自价格弹性、交叉价格弹性和支出弹性是根据模型部分的公式计算得出；从表中可以看出，各类乳制品的自价格弹性大都在5%水平上显著，超过60%的交叉价格弹性在5%水平上显著，各类乳制品支出弹性均在5%水平上显著，这说明QUAIDS模型的拟合效

表3-4　　QUAIDS模型弹性值及显著性

		巴氏杀菌乳	灭菌乳	常温酸奶	低温酸奶	奶粉	奶酪奶油
支出弹性		1.145** (0.034)	0.840** (0.022)	1.054** (0.029)	0.966** (0.028)	1.002** (0.040)	1.945** (0.083)
补偿价格弹性	巴氏杀菌乳	−1.440**	0.558**	0.295**	0.310**	0.201**	0.078**
	灭菌乳	0.305**	−0.998**	0.269**	0.248**	0.118**	0.059**
	常温酸奶	0.242**	0.401**	−1.257**	0.404**	0.131**	0.080**
	低温酸奶	0.242**	0.352**	0.386**	−1.133**	0.105**	0.048**
	奶粉	0.366**	0.390**	0.292**	0.245**	−1.278**	−0.015
	奶酪奶油	0.588**	0.826**	0.731**	0.458**	−0.064	−2.539**
非补偿价格弹性	巴氏杀菌乳	−1.631**	0.210**	0.062	0.066**	0.096**	0.053**
	灭菌乳	0.165**	−1.253**	0.098**	0.069**	0.041**	0.041**
	常温酸奶	0.066**	0.081**	−1.471**	0.179**	0.035	0.056**
	低温酸奶	0.082**	0.059**	0.189**	−1.339**	0.017	0.026**
	奶粉	0.200**	0.086	0.088**	0.031	−1.370**	−0.037
	奶酪奶油	0.265**	0.234**	0.336**	0.044	−0.242**	−2.582**

注：** 表示在5%以下统计水平上显著

果良好。

整体上，奶酪奶油这类乳制品的支出弹性最高，对白奶和酸奶两大类乳制品细分后，发现巴氏杀菌乳和常温酸奶的支出弹性分别高于灭菌乳和低温酸奶，说明城镇居民的新型乳制品消费[①]对支出的变动更敏感。除灭菌乳和低温酸奶的支出弹性小于1以外，其他乳制品的支出弹性均显著大于1，其中奶酪奶油消费支出弹性最大为1.95，其次是巴氏杀菌乳支出弹性为1.15。

各类乳制品的补偿自价格弹性绝对值均小于非补偿的自价格弹性，说明收入补偿能够一定程度上抵消价格变动对居民乳制品消费的影响，并且城镇居民对乳制品价格变化的反应较为敏感。从非补偿价格弹性值来看，各类乳制品消费的自价格弹性绝对值均大于1，且在5%的水平上显著，说明乳制品为富有弹性产品，其中奶酪奶油的自价格弹性绝对值最大，其自价格弹性为-2.58，其次是巴氏杀菌乳和常温酸奶，自价格弹性分别为-1.63和-1.47，常温奶的自价格弹性绝对值最低。相对来说，城镇居民对奶酪奶油、巴氏杀菌乳、常温酸奶等新型乳制品价格变化的反应最敏感。从不同种类乳制品消费的支出与非补偿自价格弹性来看，所有的乳制品消费的支出弹性均小于对应乳制品种

① 本章提到的新型乳制品包括以下三类：巴氏杀菌乳、常温酸奶（如安慕希、莫斯利安）、奶酪奶油。近年来，我国低温酸奶发展放缓，常温酸奶异军突起，处于高速增长期。2010—2017年我国常温酸奶年均复合增长率高达93.21%。2015年常温酸奶市场规模首次突破百亿大关（霍晓娜和曹志强，2018）。近年来，奶酪需求量随着大批的西点烘焙店和西式快餐店在大中型城市陆续开业快速上升。未来国内奶酪消费的增长很大一部分是有赖于西餐饮食业和烘焙行业规模的持续增长，但奶酪零售市场依然有很大的提升空间（武爱群，2018）。

类的马歇尔自价格弹性的绝对值，这表明当乳制品支出与对应乳制品价格同比变化时，城市居民将减少这类乳制品的消费。

补偿的交叉价格弹性反映了不同乳制品间的补充替代关系。具体来说，正值说明两种乳制品互为替代关系，负值代表两者之间为互补品关系。表3-4中列出的补偿价格弹性结果表明，大部分乳制品消费对其他乳制品的交叉价格弹性为正值，说明两种乳制品为替代关系，即当任何一种乳制品价格上涨，城市居民会倾向于购买其他乳制品。以消费比重最高的灭菌乳为例，灭菌乳对其他乳制品的交叉弹性由大到小依次为奶酪奶油、巴氏杀菌乳、常温酸奶、奶粉和低温酸奶，弹性值分别为：0.83、0.56、0.40、0.39、0.35。另外，奶粉和奶酪奶油的交叉价格弹性为负值，表现为互补关系，奶粉对奶酪奶油和奶酪奶油对奶粉的弹性值分别为-0.06和-0.02。

（二）Tobit模型得到的收入弹性估计结果

需求收入弹性反映了在其他因素不变的情况下，城市居民收入变化所引起的不同乳制品需求的变化程度。表3-5列出了各类乳制品收入弹性的估计结果，各类乳制品的收入弹性值均为正，反映了收入变化对乳制品消费的正向影响作用。当价格不变时，城镇居民收入水平每增加1%，巴氏杀菌乳、灭菌乳、常温酸

表3-5　QUAIDS模型弹性值及显著性

	巴氏杀菌乳	灭菌乳	常温酸奶	低温酸奶	奶粉	奶酪奶油
收入弹性	3.568^{***} （0.542）	0.988^{*} （0.549）	1.209^{**} （0.523）	2.469^{***} （0.527）	2.452^{***} （0.372）	2.174^{***} （0.524）

注：*、**、*** 分别表示在10%、5%和1%以下统计水平上显著

奶、低温酸奶、奶粉和奶酪奶油人均消费量将分别增长3.57%、0.99%、1.21%、2.47%、2.45%和2.17%。

具体看来，巴氏杀菌乳的收入弹性值高于其他乳制品，说明城镇居民巴氏杀菌乳的消费对收入的变动最为敏感，其次是低温酸奶和奶粉，灭菌乳的收入弹性值最低，且小于1，说明消费者对灭菌乳的消费受收入变动的影响最小，灭菌乳也是目前我国居民乳制品消费最主要的形式。随着收入的增加，城镇居民乳制品消费结构从灭菌乳向巴氏杀菌乳转变。比较各类乳制品的收入弹性和马歇尔自价格弹性发现（见表3-4），当乳制品价格与收入同比变化时城市居民将减少这种乳制品的消费。

通过上述对各类乳制品的价格支出弹性、价格弹性和收入弹性分析可知，城镇居民对乳制品依然有较大需求，且收入水平的提高在一定程度上也将带来乳制品消费结构的变化、带动乳品消费的转型升级，主要表现在巴氏杀菌乳较强的替代作用和较高的收入弹性，根据目前我国居民液态奶消费结构占比推算，人均收入每增长1%，人均奶类消费增长1.74%，这也就是说收入同等变化的情况下，巴氏杀菌乳的消费增幅高于液态奶平均值1.83个百分点。当前对于奶酪奶油、巴氏杀菌乳、奶粉和常温酸奶消费有较强的自价格弹性，其他种类乳制品对奶酪奶油及巴氏杀菌乳的替代效应明显，尤其是对奶酪奶油。

五、主要结论与政策建议

本研究采用2018年全国6座典型城市乳制品消费调研数据，证实了我国城镇居民乳制品消费总量与各类乳制品消费量均随收入提高而不断增长，并运用QUAIDS模型估计了我国城镇居民乳制品消费与收入的关系，科学而系统地分析了不同乳制品种类间的替代关系，并得出以下几点主要结论。

（一）主要结论

未来城镇居民乳制品消费结构仍以液态奶形式为主，奶酪奶油的消费增长将快于其他乳制品。巴氏杀菌乳、低温酸奶和奶酪奶油的收入弹性值分别为3.57、2.47和2.17，明显高于常温奶的1.00，说明随着人均国民收入的提高，对新型乳制品的需求增长大于传统型乳制品，城镇居民乳制品消费结构将从灭菌乳向巴氏杀菌乳转变，这与先前的传统液态奶消费增长趋缓的研究结论是一致的。通过乳制品支出分析乳制品消费结构发现，随着未来城镇居民人均乳制品支出水平上升，城镇居民会将更多的支出增加额用于奶酪奶油、巴氏杀菌乳和常温酸奶上。

各类乳制品自价格弹性的绝对值均大于1，且大部分乳制品之间存在明显替代效应。对乳制品的弹性估计分析表明，当任何一种乳制品价格上涨，城镇居民会倾向于购买其他乳制品。灭菌乳作为居民乳制品消费的最主要形式，对其替代作用最强的乳制品依次为奶酪奶油、巴氏杀菌乳、常温酸奶、奶粉和低温酸奶。另外，奶粉和奶酪奶油互为互补品，奶粉对奶酪奶油和奶酪奶油对奶粉的弹性值分别为−0.06和−0.02。

消费者对乳制品价格比较敏感，价格高是抑制乳制品消费的重要因素。研究结果表明，大部分乳制品支出弹性均显著大于1，其中奶酪奶油消费支出弹性最大为1.95，其次是巴氏杀菌乳支出弹性为1.15。这说明消费者在意乳制品价格，价格越高对乳制品消费的抑制作用越明显。根据收入弹性估计结果，当价格不变时，随着城镇居民收入水平的提高，各类乳制品消费量均会有所增加。比较来说，城镇居民对奶酪奶油的价格变化更为敏感，其次是巴氏杀菌乳和常温酸奶，目前，我国人均奶酪消费量仅有0.2公斤/年，仅为美国的1/400和日本和韩国的1/60，随着居民收入的提高，人均奶酪消费增长潜力很大。

（二）政策建议

结合以上结论，未来一段时间内，我国城镇居民乳制品消费将随收入提高而稳步增长，在乳制品消费量不断增长的同时，乳制品市场格局也将发生重大结构性变化，因此从政策角度提出如下建议。

推动乳制品消费结构向多元化特色化转变，引导百姓由喝奶向吃奶转变。着力解决液态奶多、干乳制品少的问题，加大科普等宣传力度，具体措施：一是培育奶酪等干乳制品新的增长点，开发易于消费者接受的奶酪、黄油等干乳制品；二是积极发展中国特色的奶豆腐等干乳制品，丰富消费者的选择；三是从小培养喝奶及吃奶习惯，扩大学生奶的覆盖范围及品种种类。

加强对乳制品价格监管，建立价格监测体系。合理化乳品价格能增强消费者对国产乳制品的消费信心与忠诚度，通过价格干预实现对居民乳制品消费结构的调整及改善。建议对乳制品进行分级管理，实行优质优价原则，起到缓解国内乳制品价格高对进口产品替代增强的作用。我国奶业纵向产业链中，养殖加工销售环节利润比为1∶3.5∶5.5，投资比为7.5∶1.5∶1，养殖端属于重资产投入，轻利润回报。建立我国乳制品定价体系及监测预警体系，能够有效平衡奶业各个主体的利益。

推进乳品营养价值普及，避免盲目追求高价乳制品。回归牛奶鲜活本色，避免过度追求高端奶导致终端乳制品价格过高。加强乳制品消费引导，在全国范围内重点推进“天然活性营养”乳品价值的知识普及，倡导科学选择乳制品，避免好奶高价的盲目选择理念与非理性消费模式。规范乳品市场竞争行为及广告宣传，避免放大乳制品“非优即次”消费心理。

第四章

消费升级下城镇居民家庭奶酪消费行为及影响因素分析

在消费需求升级推动下，40年来我国城乡居民消费层次从追求数量向追求质量升级[①]，食物消费从满足温饱向注重营养健康转变[②]，其中，我国奶制品的消费数量和消费结构也随之发生变化。近年来，国内西式餐饮、烘焙等新业态呈现快速发展势头，乳制品消费面临新一轮升级，随着人们对健康饮食的追求、注重奶制品本身营养价值和独特风味的需求提升，以奶酪为主的干乳制品占我国奶制品消费比重逐年提升，2020年被称作“乳品之王，奶中黄金”的奶酪国内消费量占比达6.4%，同比增长12.5%。尤其在国内液态奶等品类趋于饱和、市场竞争激烈的条件下，全国奶酪市场规模从2006年的4.8亿元快速增长到2020年的88.4亿元，增长了17.4倍。同期，伴随着进口奶酪的大幅

---

① 刘向东、米壮:《中国居民消费处于升级状态吗——基于CGSS2010、CGSS2017数据的研究》,《经济学家》2020年第1期，第86—97页。

② 俞剑、方福前:《中国城乡居民消费结构升级对经济增长的影响》,《中国人民大学学报》2015年第5期，第68—78页。

增长，进口量从不到1万吨增至13万吨，增长了12倍[①]，奶酪消费增长潜力还很大，中国奶酪市场将进入黄金发展时期。

但与发达国家或地区乃至全球相比，目前中国奶酪生产、消费发展仍存在短板。我国奶酪生产基本以再制奶酪为主，缺乏原制奶酪生产，奶酪消费主要依靠进口，产业链存在缺口。[②]综观大多国家地区奶制品加工与消费都形成了液态奶、奶酪、奶粉、奶油等多元化产品结构，而我国奶酪、黄油等干乳制品加工比重仅为21.7%[③]。从消费数量来看，虽然我国居民奶酪消费大幅提升，但消费量还很低。在西方国家，奶酪在奶制品消费当中的比例是40%左右，世界平均水平是20%，而我国仅有2%。2020年，我国人均奶酪的年消费量仅0.2公斤，而欧盟、美国的人均奶酪年消费量分别是我国的92倍、86倍，同为亚洲国家的日本和韩国消费量也是我国的10多倍。[④]2018年发布的《关于加快推进奶业振兴保障乳品质量安全的意见》也明确指出：发展奶酪等干乳制品优化乳制品结构。因此，基于上述，从时间维度看奶酪消费变化趋势和从空间维度看奶酪消费差距对比的两个宏观背景，有必要从微观个体角度刻画居民奶酪消费行为特征，从社会、经济

① 陈忠明、郭庆海、姜会明:《居民食物消费升级与中国农业转型》,《现代经济探讨》2018年第12期，第120—126页。

② 陈萌山:《加快推进我国农业食物营养转型发展》,《中国食物与营养》2019年第1期，第5—9页。

③ 根据国际乳品联合会（IDF），*The World Dairy Situation 2019*数据分别计算2018年全球部分国家液态奶加工量、干乳制品加工量，其中干乳制品按1∶8系数折算为原奶。

④ 陈忠明、郭庆海、姜会明:《居民食物消费升级与中国农业转型》,《现代经济探讨》2018年第12期，第120—126页。

等多个层面揭示制约居民奶酪消费的关键因素，以期通过消费引导生产，为我国奶酪产业发展提供研判依据。

已有学者围绕乳品消费及其影响因素进行了深入研究，一致发现：乳制品消费水平既受收入、价格等经济因素影响，也与家庭个体特征、消费者认知等社会因素密切相关，在分析方法上运用Tobit模型、Logistic模型、Heckman二阶段模型等计量方法①，这些理论与方法为本研究提供了丰富的基础，但一方面，既有文献大多将乳制品视作一个整体，较少聚焦乳制品消费内部结构，对奶酪等新型乳制品消费行为的研究更为缺乏。另一方面，现有对奶酪消费研究更多从宏观市场数据角度或营养成分角度分析②，基于微观数据深入剖析居民奶酪消费的行为特征研究较少。对此，本研究基于2018年对全国6座典型城市开展的奶类消费调研微观数据，用实证研究方法来考察家庭奶酪消费的实际需求及其影响因素。与已有研究相比，本研究的贡献主要体现在研究数据和研究角度两方面。第一，本研究数据覆盖范围广，具有代表性，既考虑不同经济发展水平，又考虑乳业生产区与消费区特征，能较为客观真实地反映当前我国居民家庭奶酪消费现状。第二，我国奶酪消费是以餐饮为主的间接消费，以家庭为主的直接消费比例不高，因此，现有研究多集中在奶酪消费的市场变化

① 崔建玲：《中国奶业奋进“十四五”》，https：//baijiahao.baidu.com/s?id=1706870540459964726&wfr=spider&for=pc，2021-08-01；祝文琪、董晓霞：《2020年牛奶市场形势分析与2021年展望》，《中国畜牧杂志》2021年第5期，第263—265页；张书义：《加快奶业供给侧改革　积极发展中国本土干酪产业》，《中国乳业》2017年第5期，第12—16页。

② 颜志辉、郑怀国、赵静娟、彭华：《阿根廷乳业发展现况及对我国乳业发展的启示》，《中国乳品工业》2020年第11期，第39—44页。

上，而本研究则从微观视角侧重考察家庭内奶酪消费的现状。

一、研究数据

（一）样本说明

本研究典型地区数据来源于2018年7—8月在6座典型城市开展的个人奶类消费线上调研。调研所采取的抽样方法如下：为保证样本具有一定的代表性，样本城市选取以中国地理区域为划分依据，由于我国奶业生产情况受地理区位、气候等因素影响，呈现明显的区域性特征，而不同地域所形成的特色区域膳食模式及乳制品消费习惯也不尽相同。据此，在每个区域选择1个典型城市进行调研，最终选取不同经济增长水平的6座城市为代表，包括呼和浩特、成都、哈尔滨、南京、武汉、西安。此外，由于线上调研用户多集中在28～45岁青年群体，为保证调研样本年龄分布的合理性，参照国家统计局人口结构比例，在每个城市内和不同年龄群体的调研人群采取随机抽样的原则。

本次调查共发放3000份问卷，剔除由理解有误导致的缺失样本、奶酪消费量高于或低于正常值2倍以上的异常样本以及回答逻辑相矛盾导致的无效观察样本，最终实际有效样本数为2931个。结果显示：从性别来看，样本人群男女比例分布合理，男性占比51.1%，女性占比48.9%；从年龄来看，40～49岁年龄组占比最多，达到31.2%，其次为20～29岁年龄组，占样本总体26.8%，19岁以下年龄组较少，仅达6.82%，总体来看，调查群体基本具备购买消费能力；从受教育程度来看，以受过大专、本科、研究生教育程度的高等教育群体为主，占总样本的

表4-1　　样本基本特征描述

（单位：个，%）

<table>
<tr><th>样本特征</th><th>细分变量</th><th>样本数</th><th>占比</th><th>样本特征</th><th>细分变量</th><th>样本数</th><th>占比</th></tr>
<tr><td rowspan="6">性别</td><td rowspan="3">男</td><td rowspan="3">1499</td><td rowspan="3">51.1</td><td rowspan="6">居住地</td><td>呼和浩特</td><td>486</td><td>16.6</td></tr>
<tr><td>成都</td><td>491</td><td>16.7</td></tr>
<tr><td>哈尔滨</td><td>494</td><td>16.9</td></tr>
<tr><td rowspan="3">女</td><td rowspan="3">1432</td><td rowspan="3">48.9</td><td>南京</td><td>488</td><td>16.7</td></tr>
<tr><td>武汉</td><td>486</td><td>16.6</td></tr>
<tr><td>西安</td><td>486</td><td>16.6</td></tr>
<tr><td rowspan="5">年龄</td><td>19岁及以下</td><td>200</td><td>6.82</td><td rowspan="5">家庭月收入</td><td>4000元及以下</td><td>75</td><td>2.7</td></tr>
<tr><td>20～29岁</td><td>784</td><td>26.8</td><td>4001～8000元</td><td>357</td><td>12.2</td></tr>
<tr><td>30～39岁</td><td>735</td><td>25.1</td><td>8001～15000元</td><td>965</td><td>32.9</td></tr>
<tr><td>40～49岁</td><td>915</td><td>31.2</td><td>15001～20000元</td><td>843</td><td>28.8</td></tr>
<tr><td>50岁及以上</td><td>297</td><td>10.1</td><td>20001元及以上</td><td>691</td><td>23.6</td></tr>
<tr><td rowspan="5">受教育程度</td><td>初中及以下</td><td>85</td><td>2.9</td><td rowspan="5">家中是否有17岁以下儿童</td><td rowspan="2">无</td><td rowspan="2">1278</td><td rowspan="2">43.6</td></tr>
<tr><td>高中/中专/技校/职高</td><td>324</td><td>11.1</td></tr>
<tr><td>大专</td><td>572</td><td>19.5</td><td rowspan="3">是</td><td rowspan="3">1653</td><td rowspan="3">56.4</td></tr>
<tr><td>本科</td><td>1534</td><td>52.3</td></tr>
<tr><td>研究生及以上</td><td>416</td><td>14.2</td></tr>
</table>

注：数据来源于农业农村部食物与营养发展研究所，2018

86.0%；在家庭月收入方面，以8001～15000元收入组最多，占总样本的32.9%，其次为15001～20000元收入组，占比28.8%，4000元及以下收入组占样本数最少；从家庭成员结构来看，超过一半的样本家庭拥有17岁以下儿童。

（二）样本描述

（1）奶酪消费行为特征。在调查样本中，目前选择食用奶酪的家庭仅占样本总数的16.34%，与之相反，选择食用巴氏奶、常温奶、常温酸奶、低温酸奶、奶粉的家庭比例分别达到42.65%、64.79%、51.06%、52.74%、30.41%，可见，接近或超过一半的家庭选择上述几类产品，较少家庭选择食用奶酪。通过进一步调查发现，与其他乳制品平均每周消费2～3次为主的高频率不同，奶酪消费更多是以每周消费1次为主，该比例达到28.8%，每周消费1次的平均消费量仅有2.82克。与消费频率呈现相同趋势，家庭平均每月在以巴氏奶、常温奶、常温酸奶、低温酸奶为主的液态奶和以奶酪、奶油为主的干乳制品上的支出也存在较大差异，如图4-1所示，大多家庭在奶酪支出上主要分布在20元及以下和21～40元支出组别，即72.67%的家庭仍处于较低支出水平的奶酪消费。

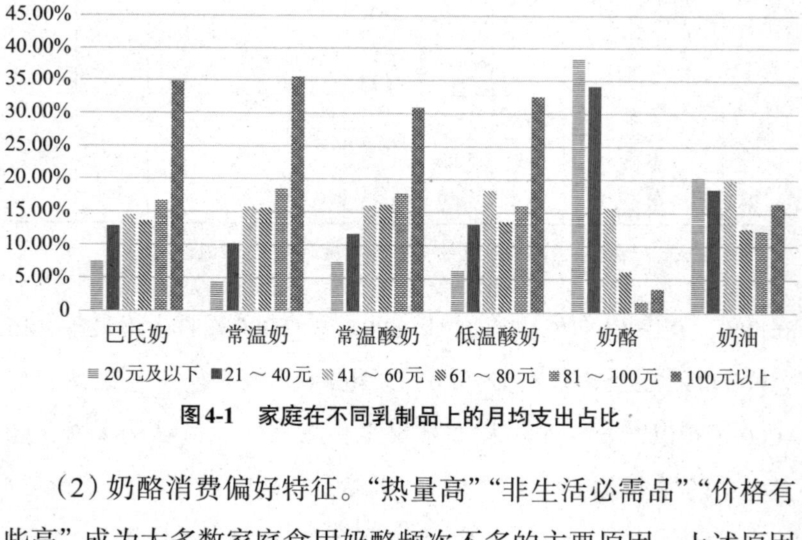

图4-1 家庭在不同乳制品上的月均支出占比

（2）奶酪消费偏好特征。“热量高”“非生活必需品”“价格有些高”成为大多数家庭食用奶酪频次不多的主要原因，上述原因占比分别达到31.91%、28.94%、23.40%。而针对奶酪消费群体观察发现：41.78%的家庭会因奶酪“好吃”而选择食用，40.41%

的家庭选择奶酪消费来搭配咖啡、面包蛋糕等，还有31.51%的家庭会因“满足营养需求”而选择奶酪消费。大多数消费者食用奶酪的时间是在早餐或加餐时间段。作为产品选购者，66.51%的消费者首要考虑自身需要进行消费，另外，也有消费者出于孩子的原因选购奶酪，该比例也达52.16%。从消费渠道来看，首先以超市为主的传统线下渠道购买方式占主导地位，占比为72.89%；其次为以网络平台为主的新型渠道，占比为38.04%；副食品市场、送奶上门、单位食堂等其余渠道占比略小。

（3）奶酪消费行为异质性分析。如表4-2所示，从不同年龄组看，30～49岁人群奶酪消费占比最高，达到34.71%，与其他年龄段群体相比，这一年龄段的人群更具购买能力。19岁及以下的人群是奶酪消费占比第二大群体，奶酪消费人数占比15.50%，

表4-2　　不同群体奶酪消费人数占比

（单位：个，%）

变量		不消费奶酪人数	消费奶酪人数	奶酪消费人数占比
年龄	19岁及以下	169	31	15.50
	20～29岁	694	89	11.37
	30～39岁	601	134	18.23
	40～49岁	765	151	16.48
	50岁及以上	263	34	11.45
家庭收入	4000元及以下	60	4	6.25
	4001～8000元	277	27	8.88
	8001～15000元	750	132	14.97
	15001～20000元	659	129	16.37
	20001元及以上	502	147	22.65

续表

变量		不消费奶酪人数	消费奶酪人数	奶酪消费人数占比
17岁及以下青少年儿童数量	0个	985	147	12.99
	1个	1075	253	19.05
	2个	175	36	17.06
	3个	9	3	25.00
	4个	2	0	0.00
	5个以上	2	0	0.00
家庭成员是否有海外留学经历	是	321	115	26.38
	否	1927	324	14.39
地区	呼和浩特	330	99	23.08
	成都	383	63	14.13
	哈尔滨	382	69	15.30
	南京	383	78	16.92
	武汉	403	61	13.15
	西安	367	69	15.83

注：数据来源于农业农村部食物与营养发展研究所，2018

说明不同家庭规模与结构也会对奶酪消费产生影响。据调研，有17岁以下儿童青少年的家庭，其奶酪消费比重均高于没有儿童青少年的家庭。从家庭收入来看，处于20001元及以上收入组的家庭奶酪消费比重更高，比4000元及以下收入组家庭奶酪消费比例高出16.4个百分点，说明奶酪消费受收入影响较大。此外，具有海外留学经历的人群奶酪消费占比26.38%，比没有留学经历群体的奶酪消费比例高出近12个百分点，这主要是受西方饮食习惯影响。最后，研究发现不同区域的奶酪消费存在较大差异，位于牧区的呼和浩特具有奶酪消费习惯，其奶酪消费人数占比达到

23.08%，明显高于其他地区人群奶酪消费比重。

二、实证分析

（一）模型构建及变量选择

经济学家Cragg于1971年提出双栏模型（Double-hurdle model）概念，对于一个活动的参与，个体决策是由两部分组成。第一个门槛（hurdle）决定个体是否是零类型；第二个门槛（hurdle）是在第一个阶段是非零的条件下，决定个体对活动的参与程度。因此，消费者行为可分为两个决策阶段，第一个阶段是消费者是否愿意参与某个物品消费，称为参与决策阶段；第二个阶段是消费者愿意为这个物品消费多少金额，称为支付决策阶段。只有当两个决策阶段都通过时，才会得到消费者的决策行为，否则观察到的值都为零。该模型将Probit模型和Truncated模型相结合，分别研究影响两个决策阶段的因素，适合用来处理具有两个阶段特征的数据。在该理论基础上，本研究将消费者奶酪消费行为细分为两个决策步骤进行：第一，消费者决定是否消费奶酪，即消费参与决策；第二，消费者决定支付多少金额，即消费支出决策。该模型可以表示为：

$$D_i=\alpha Z_i+u_i \tag{1}$$

$$Y_i=\beta X_i+\varepsilon_i \tag{2}$$

式（1）D_i是参与决策的潜变量，代表第i个消费者是否愿意消费奶酪（参与决策），Z_i是影响消费者参与消费的因素，α是待估参数，u_i是误差项。如果消费者i愿意消费，则D_i为1，否则为

0。式（2）Y_i是支出决策的潜变量，代表第i个消费者奶酪每月消费金额（支出决策），X_i为影响消费者奶酪消费金额的因素，β是待估参数，ε_i是误差项。

（二）变量选择

本研究因变量为居民奶酪消费行为，具体可以分为两个因变量：一是消费者是否参与奶酪消费，为二元虚拟变量，即参与赋值为1，反之则赋值为0；二是消费者奶酪消费支出，为分类变量，本节用“每月奶酪消费金额”代表消费支出。自变量分为两类，第一类自变量是食物消费习惯，根据前文理论分析和前人乳制品消费研究经验，本节分别采用养成饮用乳品习惯最早时间、每月食物支出金额、每月在外消费支出金额、是否注意改善自己饮食结构四个变量；第二类自变量为控制变量，包括消费者性别、年龄、受教育程度以及家庭月收入等，本节研究所用到的主要变量的含义如表4-3所示。

表4-3　　变量含义及其描述性统计

变量名称	定义，单位	均值	标准差
因变量			
是否消费奶酪	是=1；否=0	0.16	0.37
每月奶酪消费金额	20元以下=1；21～40元=2；41～60元=3；61～80元=4；81～100元=5；100元以上=6	2.10	1.24
自变量			
1.食物消费习惯			
养成饮用乳品习惯最早时间	小学及小学前=1；初中=2；高中/中专/技校/职高=3；大学或研究生阶段=4；工作以后=5	16.33	33.75

续表

变量名称	定义，单位	均值	标准差
每月食物支出金额	500元及以下=1；501～1000元=2；1001～1500元=3；1501～2000元=4；2001～2500元=5；2501～3000元=6；3000元以上=7	4.56	2.00
每月在外消费支出金额	500元及以下=1；501～1000元=2；1001～1500元=3；1501～2000元=4；2001～2500元=5；2501～3000元=6；3000元以上=7	2.59	1.69
是否注意改善自己饮食结构	非常注意=1；挺注意=2；一般=3；不怎么注意=4；一点不注意=5	2.34	0.90
2. 个人特征			
性别	男性=1；女性=2	1.49	0.50
年龄	19岁及以下=1；20～29岁=2；30～39岁=3；40～49岁=4；50岁及以上=5	3.11	1.12
受教育程度	初中及以下=1；高中/中专/技校/职高=2；大专=3；本科=4；研究生及以上=5	3.64	0.95
家庭成员是否曾在国外留学/生活	是=1；否=2	1.83	0.37
3. 家庭特征			
家庭月收入	4000元及以下=1；4001～8000元=2；8001～15000元=3；15001～20000元=4；20001元及以上=5	3.59	1.05
17岁及以下青少年儿童数量	单位：人	0.66	0.68
18～30岁青年人数量	单位：人	0.47	0.75
31～59岁成年人数量	单位：人	1.32	1.02
60岁及以上老人数量	单位：人	0.51	0.87

续表

变量名称	定义，单位	均值	标准差
4.地区特征			
是否位于呼和浩特	是=1；否=0	0.17	0.37
是否位于成都	是=1；否=0	0.17	0.37
是否位于哈尔滨	是=1；否=0	0.17	0.37
是否位于南京	是=1；否=0	0.17	0.37
是否位于武汉	是=1；否=0	0.17	0.37
是否位于西安	是=1；否=0	0.17	0.37

（三）实证结果分析

为避免自变量间的多重共线性，通过检验各自变量之间的相关性，采用Person相关系数检验法发现自变量之间的相关系数最大不超过0.5，因此说明自变量之间不存在高度相关性。在此基础上，运用STATA15.0软件对数据进行回归，表4-4列出了双栏式模型估算有效性统计检验的结果，从估计结果看模型整体拟合较好。

表4-4　　典型城市奶酪消费双栏式模型结果估计

变量名称	双栏式模型	
	消费参与决策（Probit模型）	消费支出决策（Truncated模型）
1.食物消费习惯		
养成饮用乳品习惯最早时间	-0.003* （-1.95）	0.000 （0.07）
每月食物支出金额	0.036* （1.73）	-0.064* （-1.68）
每月在外消费支出金额	0.041* （1.77）	0.173*** （4.40）

续表

变量名称	双栏式模型	
	消费参与决策（Probit模型）	消费支出决策（Truncated模型）
是否注意改善自己饮食结构	-0.096*** （-2.71）	-0.073 （-1.12）
2.个人特征		
性别	0.280*** （4.59）	-0.462*** （-4.15）
年龄	0.033 -1.16	-0.160*** （-2.96）
受教育程度	0.060* （1.72）	0.029 -0.43
家庭成员是否曾在国外留学/生活	-0.332*** （-4.36）	-0.377*** （-2.97）
3.家庭特征		
家庭月收入	0.089*** （2.81）	0.201*** （3.18）
17岁及以下青少年儿童数量	0.067 （1.45）	-0.051 （-0.56）
18～30岁青年人数量	0.025 （0.57）	-0.037 （-0.48）
31～59岁成年人数量	0.050* （1.65）	-0.017 （-0.32）
60岁及以上老人数量	0.076** （2.23）	0.005 （0.08）
4.地区特征		
是否位于呼和浩特	0.310*** （3.05）	-0.195 （-1.09）
是否位于成都	-0.118 （-1.10）	-0.093 （-0.47）

续表

变量名称	双栏式模型	
	消费参与决策（Probit模型）	消费支出决策（Truncated模型）
是否位于哈尔滨	0.008 （0.08）	-0.186 （-0.96）
是否位于南京	-0.044 （-0.42）	-0.193 （-1.03）
是否位于武汉	-0.175 （-1.76）	-0.257 （-2.17）
Wald chi2	150.11	93.89
Prob ＞ chi2	0.00	0.00
观测值	2687	439

注：***、**、*分别表示系数的估计值在1%、5%、10%的显著性水平上显著，括号内为t值

三、食物消费习惯对奶酪消费的影响

（一）消费者食物消费习惯、观念会影响消费者行为决策

影响消费者参与奶酪消费决策的因素主要有养成饮用乳品习惯最早时间、每月食物支出金额、每日在外消费支出金额以及是否注意改善自己饮食结构。具体来看，在其他条件保持不变的情况下，养成饮用乳制品习惯越早，参与奶酪消费决策越高，其原因可能是在儿童青少年时间更早地接受乳制品口味，对奶酪的接受度也会更高，可见，在儿童青少年时期养成的饮食偏好将对人的一生产生重要影响。同时，每月食物支出金额提高500元，家庭奶酪消费概率会在10%显著水平上提高4%，该规律也符合消费升级下食物消费规律，消费者更愿意为高价值、高营养的奶酪

支付费用。此外，研究结果显示，当每月在外消费支出金额增加时，消费者不但会提高奶酪消费，而且在1%显著水平下增加奶酪消费支出金额，这与现阶段我国奶酪消费更多以餐饮户外消费为主的现状相一致。最后，越注意改善饮食结构的消费者，其参与奶酪消费决策的概率也越高。

（二）个人家庭特征对奶酪消费的影响

在个体特征方面，参与决策模型中性别回归系数为0.28，在1%水平上显著，说明消费者性别对是否消费奶酪具有显著影响。女性比男性更倾向于参与奶酪消费决策，其原因可能是在目前中国家庭消费结构中，女性消费者不仅为自己购买所需商品，也是代替大多数儿童、老人的食物消费的主要购买者，由于女性具有更好的营养健康意识，让女性消费者能够同时满足自我及家庭的食物消费升级需求。另外，家庭成员曾在国外留学生活经历变量也在1%水平上显著，具有海外留学生活经历的群体也表现出更高的参与奶酪消费行为，以及更愿意为奶酪支付更多的金额。收入水平的不断提高是奶酪消费的核心驱动力，家庭月收入越高的消费者，更倾向参与奶酪消费以及为奶酪付费。

（三）地区特征对奶酪消费的影响

从地区层面来看，多种因素造成各地区食物消费存在差异，除了不同的地理区位、气候因素造就了我国不同的农业生产情况，因此而产生的不同区域性膳食模式外，还包括经济因素、乳制品市场发育程度等因素。估计结果表明：呼和浩特居民更多参与奶酪消费，地区因素在1%水平上显著影响当地居民奶酪参与决策，而成都、南京、武汉地区对当地居民参与奶酪消费影响不大。这与已有判断“我国奶酪消费仍局限于高端消费群体和少数民族聚居地”① 相一致。

四、主要结论与建议

本章基于Double-Hurdle模型研究影响居民奶酪参与决策和支出决策的因素，得出如下结论。一是每月食物支出金额、每月在外消费支出金额以及是否注意改善自己饮食结构显著影响奶酪参与和支出决策。同时，越早养成饮用乳品习惯，参与奶酪消费的可能性越高。二是女性消费者、家庭成员有曾在国外留学生活经历的显著影响奶酪消费决策，而家庭是否有儿童青少年等变量未如预期设想对奶酪消费行为产生显著影响。三是在分析居民奶酪消费影响因素时，不能忽视地理区位带来的影响。基于上述结论，为有效提高居民奶酪消费水平，推动居民由“喝奶”向“吃奶”转变，得出以下政策启示。

（一）多渠道普及奶酪营养价值，提高居民认可度

培育奶酪等干乳制品新的增长点，注重奶类品种创新，开发易于中国消费者接受的奶酪，满足各阶层各年龄段消费者不同的消费需求。政府、企业、行业协会等通过多种渠道及媒体宣传平台，向消费者宣传奶酪的营养价值，积极培育奶酪市场，提高居

① 翟世贤、张彩萍、白军飞：《收入增长和城市化对液态奶消费结构的影响》，《中国农村经济》2017年第8期，第45—60页。

民对奶酪的接受度和认可度。

（二）增加学生奶产品种类，从小培养奶酪消费习惯

分析结果表明：越早养成饮用乳品习惯，参与奶酪消费的可能性越高。因此，建议从学龄前儿童抓起，从小培养“吃奶”习惯，结合现有学生饮用奶计划，在提供学生高温灭菌乳品基础上，考虑学生营养改善实际需求，将干酪纳入学生饮用奶产品种类，一方面丰富学生的选择，另一方面科学、合理地扩大消费覆盖面。开发儿童奶酪零食①，注重提升奶酪零食的方便性和营养性。

（三）发展奶豆腐等特色奶酪，丰富消费者选择

鼓励民族乳制品特色化发展，积极发展中国特色奶豆腐等干乳制品，生产具有不同风味的特色奶酪等高端乳制品，丰富消费者的选择。支持牧区开办民族特色乳制品工厂化生产试点，从政策和制度层面上对民族特色和民族传统乳制品生产提供依据和规范。

① 2020年5月，中国副食流通协会发布的《儿童零食通用要求》中首次提出“儿童零食”的定义，即区别于普通零食，儿童零食指适合3～12岁儿童食用的零食，该要求指出奶及奶制品作为可经常食用的首选零食。

第五章

低温鲜奶消费趋势及我国台湾地区低温鲜奶产业发展的经验借鉴

2020年我国乳制品消费量一度下降，液态乳制品销售量于4月后开始恢复为同比正向增长，此后乳制品消费总量加快增长，消费结构不断优化，尤其是低温鲜奶消费一枝独秀。近年来，我国低温鲜奶消费呈加速增长态势，2020年同比增幅达25.6%，增速创历史新高。总的来看，近年来在政策鼓励、技术创新、市场培育三大因素推动下，低温鲜奶消费持续较快增长，而近年来消费者对营养健康的关注度提高大大助推了这一进程，预计这一趋势仍将持续，建议顺应消费升级趋势，加大奶源生产基地和冷链设施建设，构筑乳业高质量发展的基础。

乳制品是人类理想食物，对人体生命健康起着重要的调节作用。乳制品中含有蛋白质、脂肪、乳糖、钙、铁、维生素B_2、维生素D等20多种营养素，包含人体所需的大多数营养物质，且乳制品的营养素组成比例适宜、容易消化吸收、营养价值较高，是各类人群的理想食品[①]。长期以来，我国居民乳制品摄入量偏

① 张养东、刘月娟、王宗伟等:《牛奶　人类最接近完美的食物》,《中国乳业》2017年第6期，第18—20页。

低，一直是合理膳食中的突出短板问题。《中国居民膳食指南（2016）》建议每人每天饮奶300克或相当量的乳制品，折合每人每年约109.5公斤。2020年我国人均乳制品消费量约38.3公斤，仅相当于营养推荐量的1/3，分别比全球平均水平、亚洲平均水平低76.4公斤、48.7公斤。近年来，居民对营养健康的关注度很高，对牛奶增强免疫力的观点认可度也较高[①]。2020年2月国家卫生健康委发布了《新型冠状病毒感染的肺炎防治营养膳食指导》，把科学合理的营养膳食、每天食用牛奶，作为有效增强机体抵抗力的重要途径。因此，我国乳制品消费迎来新的契机，消费需求呈现旺盛增长态势。

一、乳制品消费加快增长，消费结构不断优化

近年来，我国乳制品需求显著增长，居民乳制品购买意愿提高，消费习惯逐渐养成。2020年乳制品消费依然保持增长，据国家统计局数据，2020年全国液态乳制品产量2599.43万吨，同比增长3.3%。

（一）人均奶类消费量增至历史最高水平

2020年，我国乳制品需求显著增长，居民乳制品购买意愿提高，消费习惯逐渐养成。据营养所动物中心测算，按全年奶类产量与牛奶保持同等增幅计，2020年全国奶类产量3544万

① 马广旭、肖湘怡、杨祯妮、程广燕：《我国城乡居民牛奶消费行为与营养认知状况研究——基于6省（区、市）886份问卷调研》，《中国乳业》2020年第6期，第40—45页。

吨，包装奶、大包粉等各种奶制品净进口折原奶量1862万吨；全年奶类表观消费量达到5406万吨，与上年相比增长8.0%；人均乳制品消费量达38.3公斤，与2019年的35.8公斤相比，增长7.8%，明显高于近15年3.3%的平均消费增长率，消费增幅处于历史高位。

（二）液态乳制品消费快速恢复

本研究对液态乳制品的定义范畴包括纯牛奶（灭菌乳）、低温鲜奶（巴氏杀菌乳）、酸奶（常温酸奶、低温酸奶）及其他液态乳制品（调制乳、乳酸菌饮料等）。2020年我国乳制品消费一度下降，在2月初，据尼尔森数据，当月国内液态乳制品销售量呈现断崖式下跌，同比降幅高达26.6%。液态乳制品销售量于4月后开始恢复为同比正向增长。

（三）液态乳制品消费发生结构性转变

据尼尔森数据，2020年，纯牛奶和低温鲜奶销量分别为621.48万吨、48.44万吨，同比各增长17.0%、25.6%，分别比2019年同期增幅高4.3个百分点、14.5个百分点。同期，常温酸奶和低温酸奶销量分别为141.47万吨、175.36万吨，同比降幅各为4.0%、10.1%（见图5-1）。

从液态乳制品消费结构看，2020年，纯牛奶与低温鲜奶在整个液态乳制品中的占比较2018年提高9个百分点，而低温酸奶下降了2个百分点，其他液态乳制品的消费占比由2018年的46.0%大幅下降至2020年的39.0%。由此可见，居民对纯牛奶和低温鲜奶需求逐年增长，尤其是低温鲜奶在液态乳制品中的占比不断提高，2020年达到3.0%[①]（见图5-2）。

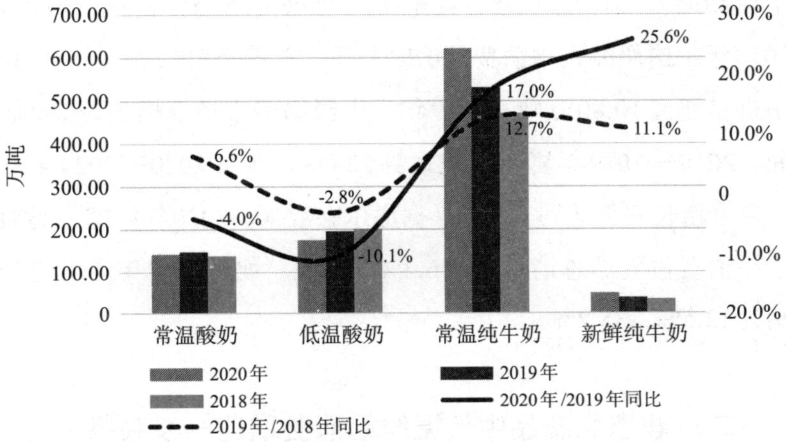

图5-1　2018—2020年各类液态奶消费需求对比

注：数据来源于尼尔森数据咨询公司，2020

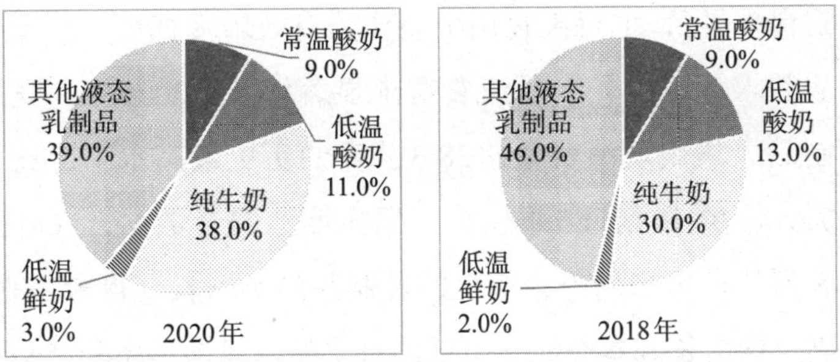

图5-2　2020年与2018年液态乳制品消费结构对比

注：数据来源于尼尔森数据咨询公司，2020

（四）干乳制品比重逐年提升，消费增速扩大

提升我国居民干乳制品消费曾多次出现在国家奶业振兴等一

① 低温鲜奶占液态奶比重在2020年1月为2.0%，此后占比量一路提高，于12月达到3.8%。

系列纲领性文件中，近年来，烘焙等新业态呈现快速发展势头。全球奶酪及国内奶酪进口竞争格局与供需态势分析报告显示，2018年中国奶酪人均消费量0.12公斤，总消费量17.00万吨，其中进口奶酪10.80万吨。2019年，中国奶酪市场规模超过100亿元，2010—2019年复合增速达到22.0%，预计2020—2024年年均复合增长率将达到12.0%。据尼尔森数据，2020年奶酪、奶油产品消费占乳品总消费量的6.4%，奶酪、奶油消费年均增速分别为12.5%、35.2%。

二、液态乳制品中低温鲜奶消费增速一枝独秀

2020年2月国家卫健委发布《新型冠状病毒感染的肺炎防治营养膳食指导》，把每天食用牛奶作为有效增强抵抗力的重要途径。从需求上看，乳制品消费需求显著增长，2020年，我国居民乳制品人均表观消费量达38.3公斤的历史最高水平，比上年增长7.6%，增幅创近5年新高。据凯度消费者数据，在乳制品市场激烈的竞争格局下，传统的乳制品品类增长变得愈发艰难，液态奶户均增长基本停滞，但低温鲜奶的市场渗透率和增长率却一路走高。在此期间，低温鲜奶消费增长尤为突出，其消费增速显著增长，具体表现为以下三个特点。

一是高增速持续时间长。据尼尔森监测数据，2020年，低温鲜奶销量48.6万吨，同比增长25.4%，较上年增幅高13.1个百分点，近4年平均增速超过20%。2021年，低温鲜奶延续增长势头，1—4月累计消费量16.7万吨，同比增幅36.1%，在液态乳制品中涨幅最大。二是线上、线下消费均增加，线上增速更高。

据尼尔森数据，2020年，低温鲜奶线上电商渠道和线下传统渠道的销售额增速分别达109.0%、20.0%，分别较上年高24.0个百分点、5.0个百分点。据天猫商城数据，2020年，低温鲜奶销量增长150.0%以上，是常温奶销量同比增幅的3倍。三是价格较高但需求依然强劲。据尼尔森测算，2020年，低温鲜奶与纯牛奶的平均价格比值为1.17∶1。在不具有价格优势的情况下，消费者对低温鲜奶的需求依然强劲，低温鲜奶在液态乳制品中的占比为3.0%，较上年提高0.6个百分点。

三、低温鲜奶销售量快速增长的原因分析

低温鲜奶消费快速增长，既有近年来政策鼓励、技术创新、市场培育等相对长期的因素①，也有消费者对低温鲜奶营养健康价值的关注度提高这一短期催化因素②。具体原因有以下四个方面。

（一）政策鼓励低温鲜奶发展

2013年实施的“国家优质乳工程”立足“优质奶只能产自本土奶”的科学理念，以低温鲜奶为重点产品，充分挖掘与健康相关的生物活性物质，提高低温鲜奶健康属性，赢得市场定价权和

① 杨祯妮、肖湘怡、程广燕：《中国城镇居民家庭收入对其乳制品消费结构的影响》，《农业技术经济》2021年第5期，第121—132页；韩晨雪、彭超、刘合光：《不同城镇化增长方案下畜产品消费趋势比较分析》，《中国农业资源与区划》2021年第4期，第237—246页；霍晓娜：《我国低温鲜奶市场发展现状及趋势》，《中国乳业》2020年第10期，第22—25页。

② 孙永立：《乳制品新趋势：消费者健康意识增强低温奶市场空间增大》，《中国食品工业》2021年第1期，第102—104页。

话语权。2018年发布的《国务院办公厅关于推动奶业振兴保障乳品质量安全的意见》《关于进一步促进奶业振兴的若干意见》均提出，修订提高巴氏杀菌乳国家标准、鼓励使用生鲜乳生产灭菌乳、发酵乳等奶制品，普及巴氏杀菌乳营养知识。

（二）技术创新提高了低温鲜奶的活性营养品质

近年来，国产优质巴氏杀菌奶的加工温度由105℃降低到75℃，乳铁蛋白和免疫球蛋白等活性因子含量大幅度提升，达到进口奶的8倍，市场竞争力显著增强，伊利、光明、长富、新希望等国内乳企均在低温奶包装盒上标识了加工温度和活性营养因子含量。

（三）乳企加大了对低温鲜奶市场的开发

近年来，已有以低温鲜奶为主业的大型乳企使得低温鲜奶的市场份额不断扩大。据尼尔森数据，截至2020年11月，光明乳业和三元食品的低温鲜奶市场份额分别占整个鲜奶市场的40.0%、9.0%，年均增速分别达10.7%、8.0%。光明乳业推出优倍等优质低温鲜奶新产品，首创国内生牛乳空运模式。低温鲜奶主打健康和高端，市场渗透率高，意味着更多消费者愿意消费低温鲜奶。除此之外，乳品巨头也非常看好低温鲜奶市场，蒙牛低温鲜奶2020年销售量约15万吨，年销售量同比增长108%，增速较上年翻倍，可见蒙牛在低温鲜奶市场布局方面发展迅速。

（四）冷链物流发展为低温鲜奶扩张提供基础

特殊时期限制居民外出消费，各类液态乳制品线上销售均实现同比快速增长，冷链物流配送能力的大幅提高使得低温鲜奶线上销售表现亮眼。据尼尔森数据，2020年，低温鲜奶线上销售量同比增长171.1%，是纯牛奶线上同比增速的1.6倍；另据天猫商城数据，2020年，低温鲜奶同比销量增长150.0%以上，是常温奶销量同比增幅的3倍。据外卖平台饿了么于2020年9月发布的《鲜奶外卖报告》数据，过去一年，低温鲜奶外卖订单增长一路高企，渗透率超过30.0%，表明消费者更愿意为低温鲜奶买单。2020年，低温鲜奶线下销售量达44.98万吨，同比增长32.8%，显著高于其他液态乳制品。

四、我国台湾地区巴氏奶产业发展经验的借鉴及启示

2008—2020年，我国大陆地区奶类消费需求明显增长，但本土乳制品消费不足，进口乳制品占新增消费市场的84.3%。为增强国内奶业竞争优势、提升国产乳品品质，大陆地区把发展巴氏奶作为一条重要举措。台湾地区在奶业生产、消费等多方面与大陆类似，借鉴其巴氏奶推广与消费引导做法与经验，对促进大陆巴氏奶产业发展、助力奶业振兴具有重要现实意义。

世界卫生组织将人均乳制品消费量作为衡量一个国家人民生活水平的重要指标之一，2020年中国大陆地区人均奶类表观消费量为38.3公斤，相当于亚洲平均水平的1/2、世界平均水平的1/3。近十年，中国大陆地区虽然奶类消费需求明显增长，但本土乳制品消费不足，大部分新增消费市场由进口乳制品占据[①]。

① 温源：《奶业振兴从何处着力》，《光明日报》2018年5月26日。

2008—2020年，中国大陆地区奶源自给率从95.0%不断下降至65.6%，国务院发布《关于加快推进奶业振兴和保障乳品质量安全的意见》明确提出到2020年奶源自给率保持在70%以上，受“三聚氰胺事件”影响，消费者对国产乳制品安全仍有担忧，加之进口乳制品价格优势明显，未来保障70%自给率目标仍面临很大挑战，提高自给率必须建立在本土奶品质与消费者信心提升的基础上，将发展具备鲜活优势的本土巴氏奶作为一条重要途径。目前，全球范围内巴氏奶与常温白奶[①]份额比为7∶3，在奶业发达国家中保留了鲜牛奶本身营养和味道的巴氏奶更受市场欢迎，在中国大陆地区这一份额比是3∶7[②]。有学者研究发现：随着居民收入水平持续提高和城市化的推进，巴氏奶的市场份额将显著上升[③]。人们对乳品新鲜程度的诉求提高，以巴氏奶为主的低温奶市场回温，常温奶与低温奶的市场零售结构正发生变化。[④]随着乳品市场进一步成熟，巴氏奶更好地满足了消费升级的趋势，发展势头强劲。但目前消费者对巴氏奶认知仍存在参

① 根据国家标准《巴氏杀菌乳》《灭菌乳》规定，“巴氏杀菌乳”可在产品上标识为“鲜牛奶/乳”，“灭菌乳”可标注为“纯牛（羊）奶/乳”；在大陆市场上，“巴氏杀菌乳”称为巴氏（鲜）奶，“灭菌乳”称为常温白奶；在台湾地区“巴氏杀菌乳”称为“鲜乳”，“灭菌乳”称为“保久乳”。本章将“巴氏杀菌乳”统一称为“巴氏奶”，但仍保留台湾地区“鲜乳标章”“鲜乳CAS制度”叫法。

② 农业农村部市场预警专家委员会：《中国农业展望报告（2020—2029）》，中国农业科学技术出版社2020年版。

③ 翟世贤、张彩萍、白军飞：《收入增长和城市化对液态奶消费结构的影响》，《中国农村经济》2017年第8期，第45—60页。

④ 刘长全、姚梅、刘玉满：《从液态奶零售企业数据看我国奶业近年来发展态势》，《中国奶牛》2013年第8期，第5—10页。

差不齐的情况，多数民众不了解巴氏奶与纯牛奶差异。《2019中国奶商指数报告》显示，国民喝奶意识不强、知识少、行为差，课题组2020年2月12日至15日对北京、上海、河北、山东、安徽等22个省（区、市）1068个消费者线上调研数据也表明仅有46.91%消费者能较好地认识巴氏奶。为保障国家实现奶源自给率70%的目标和引导消费者树立科学的饮奶消费观，我国大陆地区亟须发展和培育巴氏奶消费市场，利用时间和品质优势弥补高成本劣势，提高国产乳制品市场竞争力。

台湾地区20世纪50年代开始推动奶业发展，一方面，发展中期注重巴氏奶消费推广，巴氏奶消费比例由不足50%提高至70%～80%，本土巴氏奶市场占有率长期保持在70%以上，有效地促进本土巴氏奶消费，带动本土奶业生产与加工。另一方面，台湾地区食物消费属于典型的中华饮食模式，大陆地区和台湾地区膳食模式十分相似，因此研究台湾地区巴氏奶发展经验对于大陆地区具有很高的参考价值。本研究通过回顾台湾地区巴氏奶发展背景、消费引导措施，总结台湾地区巴氏奶发展成效，结合大陆地区消费实际情况，为提高本土巴氏奶消费提出相关启示，增强大陆地区消费者巴氏奶消费信心，从而提高国民巴氏奶消费和营养水平，为制定相关政策和对乳品市场调控提供参考。

（一）我国台湾地区巴氏奶发展背景

台湾地区农业早期注重粮食作物发展，直至1948年开始推动“奶农发展计划”，台湾乳业从最初单一的小型私营奶牛公司逐渐发展为现代乳企和个体奶农并存的产业格局。1957年，为配合第二期台湾地区经建计划，前台湾地区“农林厅”（以下简称“农林厅”）开始推行“推广奶农事业计划”，在政策扶持下，台湾奶农数量从1957年86户增长至1965年522户，生鲜乳产量年均增长21.44%，在此阶段，巴氏奶销售大多是将牛乳挤出，经消毒分装后送达订奶者，除台北牧场采用30分钟65℃低温杀菌外，其余牧场都使用煮沸杀菌。① 奶业发展初期，台湾地区发展常温奶生产缓解供需季节不平衡造成的冬季剩余生鲜乳现象。1965年，台湾当局为了满足国民营养需求允许乳粉进口，但大量廉价散装的进口乳粉严重打击本土巴氏奶销售，本土巴氏奶价格无法与还原乳相竞争，市场上出现投机乳企将奶粉冲泡冒充巴氏奶出售牟利的现象，造成消费者对本土巴氏奶消费信心下降。为解决此次乳业危机，台湾地区“经济部”同年颁布“乳业改进原则”，成立台湾地区乳业发展小组负责调节及促进乳业发展②，随后，台湾“农业委员会”（以下简称“农委会”）逐渐将本土巴氏奶定位为乳业发展的主要产品③。20世纪80年代以来，针对常温奶因加工方式影响营养价值损失、巴氏奶掺假及还原乳现象等问题，相关部门相继出台贯穿巴氏奶生产、加工、消费各环节的规范指导文件，旨在推动本土巴氏奶生产与消费。

---

① 刘昱成:《台湾中小型乳品业者乳品利基市场之研究》，台湾东海大学2009年硕士学位论文。

② 余佳宜:《消费者购买具有鲜乳标章之鲜乳产品的行为研究》，台湾淡江大学2015年硕士学位论文；吕秀英:《台湾乳牛事业发展之现况与展望》，《台湾农学会报》2010年第2期，第185—199页。

③ 王忠恕:《规划鲜乳标章及CAS双标章制度执行成果（“农委会”）》，https://www.coa.gov.tw/ws.php?id=21967&RWD_mode=N，2010-02-08。

（二）台湾地区推动巴氏奶产业发展的主要举措

一是加大对奶牛养殖环节扶持，稳定提升本土生鲜乳产量。稳定的生鲜乳生产是保障居民鲜奶消费需求的基础，台湾地区乳业在养殖源头生产和中游乳品加工环节严格把控，通过合力保障巴氏奶数量和质量。20世纪80年代以来，养牛政策逐渐偏向奶牛事业发展，台湾当局连续发布“养牛事业五年发展方案”“降低乳业生产成本计划”等文件，明确养牛事业以奶牛为主、肉牛为辅策略。通过“乳牛群性能改良计划”改良奶牛育种，育成耐高温湿热气候的乳用荷兰牛以建立适合台湾地区域气候的奶牛群体，提高奶牛生产性能，增加泌乳量[①]。为降低奶农生产成本、推广种植牧草面积、提高本土牧草自给率，成立南北技术服务团提供技术指导。牧场管理上，实施“乳牛牧场评鉴计划”，从卫生保健、牧场美化、环保工作等方面改善奶农经营管理能力，将优良牧场划分为5个等级，若3年有效期内抽查表现不良则取消认证，该手段使得牧场通过自助和互助方式实现经营。为奶农提供低利融资贷款，以“乳业发展基金辅助款”补贴奶农生鲜乳收购价格、奖励淘汰低效率低品质的奶农[②]，逐年扩大经营规模，有效提升本土生鲜乳产量。

二是积极发挥政府调控作用，引导建立奶业利益联结机制。由于养殖与加工密不可分，台湾当局积极引导奶农与乳品加工企

---

① 王安石：《台湾地区乳牛群性能改良执行成效及检讨（“农委会”）》，https://www.coa.gov.tw/ws.php?id=4450&RWD_mode=N，2003-01-16。

② 高源丰：《落实牛乳产业牧场评价制度与提升竞争力之做法（“农委会”）》，https://www.coa.gov.tw/ws.php?id=3959，2001-08-09。

业建立互惠合作，保障养殖牧场与加工企业的利益，提高奶农和加工企业积极性。面对生鲜乳季节性过剩问题，台湾当局辅助办理剩余乳加工乳粉、炼乳，给予乳品加工企业收购剩余乳的贷款利息补贴以及由乳业发展小组补贴剩余乳与乳价之间的差价，以此调整产销失衡状况[①]。在价格上建立一套保障价格的收购方法，从1973年台湾当局统一乳价到1976年采用冬、夏两段式乳价，1990年实行冬、暖、夏期三段乳价，再到1999年将增加“体细胞数及生菌数”纳入计价标准，台湾当局始终积极推行公平合理的产销供应关系，避免信息不对称造成的市场动荡和行业损失[②]。1987年至今，台湾地区不断推动“乳业卫星牧场制度”，积极辅导乳品加工企业与牧场签订合理的产销供应契约，建立乳品加工企业与牧场为生命共同体的经营理念。

三是实施推广鲜乳标章管理，确保巴氏奶生产消费透明化。为消除消费者选购巴氏奶疑虑，“农林厅”自1986年起实施“鲜乳标章计划”，即依据乳品工厂每月向奶农收购合格的生乳量及实际生产的巴氏奶数量核发“鲜乳标章”，坚持“进出等量、逐一粘贴”原则。对核发数量设立一定比例，夏季、冬季核发比例最高分别为85%和80%。2000年增加“满足《乳品加工厂酪农原料生乳收购及计价要点》中生乳品质达到B级以上的巴氏奶才予以核发”的核发条件。为强化“鲜乳标章”的公信力与保障参与乳企的使用权益，台湾地区“农林厅”向“经济部标准局”申请

① 王淑瑛:《厂农合作历程、契约产销演进（“农委会”）》，https://www.coa.gov.tw/ws.php?id=2502218，2014-06-16。

② 周文玲:《推动厂农契约产销　健全国产乳品产业链（“农委会”）》，https://www.coa.gov.tw/ws.php?id=2503944，2015-04-27。

鲜乳标章的正标章和服务标章两项专利权。在监管层面上，加强贴纸印制防伪设计、每月由各县市政府不定期赴超市抽检鲜乳标章的粘贴情况，发现乳品厂商违规者按情节轻重处以警告处分。鲜乳标章有效管制乳品加工厂巴氏奶生产总量，进而防范乳品加工厂以还原剂混充巴氏奶，贴于产品包装上供消费者识别从而保证消费者权益。该计划实施之初有75%生产鲜乳的乳企自愿参与，收乳量占总收乳量90%以上[①]。

四是建立鲜乳CAS制度，加强巴氏奶营养品质监管。“农委会”自1989年起推动台湾优良农产品标章（Certified Agricultural Standards，简称CAS标章），农产品涵盖肉品、冷冻食品、果蔬汁、食米等16个类别。随着消费者对巴氏奶品质与卫生安全的重视，台湾当局意识到鲜乳标章制度未能将卫生品质纳入管理机制满足消费者对巴氏奶品质的要求，因此，2000年台湾“农委会”在保留鲜乳标章制度下将乳品列为CAS优良农产品认证制度的新增品类，“畜产会”作为乳品CAS认证唯一机构管理巴氏奶生产过程中的卫生安全与品质[②]。参照现行CAS优良农产品认证标准，CAS乳品生产过程中加工设备、作业流程、品质检验、运输管理等纳入认证范畴，同时规定市场销售的巴氏奶产品品质规格。除了重视安全品质监管，鲜乳CAS制度还将产品营养成分透明化，针对乳脂肪含量做出相关规定，消费者购买时能依据自身喜好购买到不同乳脂肪含量的巴氏奶。在鲜乳CAS制度推

① 台湾“农委会”:《实施鲜乳标章对台湾乳业的影响（“农委会”）》，https://www.coa.gov.tw/ws.php?id=13521，2007-11-12。

② 台湾地区优良农产品发展协会:《CAS乳品》，http://www.cas.org.tw/cas%E4%B9%B3%E5%93%81，2020-02-16。

行初期已有约70%参加鲜乳标章的乳品工厂愿意申请鲜乳CAS认证，收乳量在93%以上[①]，作为巴氏奶最高品质代表的标章已普遍获得消费者认同与信赖。

五是注重巴氏奶科普宣传，从小培养饮奶习惯。为扩大乳品消费，台湾地区各界对乳品营养知识进行了大力宣传，当局行政主管部门给予经费补助，通过电视、网站、编印小册子、公交车车体广告、户外大型促销、巴氏奶营养讲座等方式宣传巴氏奶知识。[②]针对消费者因市场上巴氏奶品名众多而混淆，购买不符合自身需求乳品的现象，台湾“农委会”进一步宣传不同乳品品名差异及产品性质。为推广巴氏奶多元化食用，“农委会”邀请不同民族特色厨艺大师将乳品入菜、推广家常乳品食谱，有效地提高冬季乳品销售量。除此之外，1966年台湾地区已开始实施“学童乳计划”，由“乳业发展小组”设置“乳业发展基金”负责学校巴氏奶供应，每周免费提供3瓶200毫升本土巴氏奶给地区公私立幼儿园儿童及低收入家庭的小学生饮用；同时，考虑到卫生安全，为冷藏设备不足或偏远地区、无经销配送点的学校供应常温奶。1969年《台湾乳业发展十年计划（1965—1974）》、1984年《台湾乳业发展五年计划（1984—1988）》多次提出促进“学童乳”消费。

（三）台湾地区巴氏奶发展的主要成效

自台湾地区二十世纪七八十年代实施一系列促进巴氏奶生产

① 王忠恕：《CAS家族新成员——鲜乳、羊乳、牛肉》，https://www.coa.gov.tw/ws.php?id=21681，2010-07-02。

② 刘成果：《中国奶业史：通史卷》，中国农业出版社2013年版，第353页。

消费的政策以来，相关措施一方面引导消费者优先选用营养价值更高的巴氏奶，另一方面加强巴氏奶原料奶的管理并推广使用鲜乳标章，台湾地区巴氏奶在获得消费者认同的同时也建立了良好的公信力，对稳定奶农和乳品企业收益、保障消费者权益、促进本土巴氏奶消费并带动乳业发展上发挥显著效果。鉴于数据获得性限制，本节着重分析20世纪80年代后台湾地区巴氏奶发展的成效。

一是带动奶牛养殖提质增效，生鲜乳产量大幅提高。自20世纪80年代以来，台湾地区奶牛生产大致可划分为1981—2000年、2001—2018年两个时期。1981—2000年奶牛存栏量、生鲜乳产量稳步上升。1981年养牛政策伊始，台湾地区饲养奶牛2.36万头，平均每户奶农饲养34头，生鲜乳年产量仅有5.02万吨。在1986年台湾当局发布“养牛事业五年发展方案”后，奶牛头数、生鲜乳产量在十年内实现高增长，1987年乳牛头数增速高达49.89%，生鲜乳产量增速高达31.60%；2000年台湾地区饲养奶牛达到最高13.65万头，生鲜乳年产量达到35.80万吨峰值（见图5-3）。随着政策扶持，奶牛泌乳性能逐步提高，泌乳牛单产增加，养殖规模扩大，奶牛养殖场逐渐减少，从最初1000多个养殖场降至2018年的553个养殖场，生鲜乳产量近期稳定在30万吨以上。生鲜乳快速增长不但保障了鲜奶需求供应，更增加了奶农养殖效益，生鲜乳产值从1981年的1.87亿元年均增长7.07%至2018年的23.43亿元。

二是带动乳品加工业发展，优化乳品生产结构。台湾地区乳品加工企业分为大型乳企、中型乳企、自产自销小型乳品业者三种经营形态，其中巴氏奶市场以味全、统一、光泉三大大型

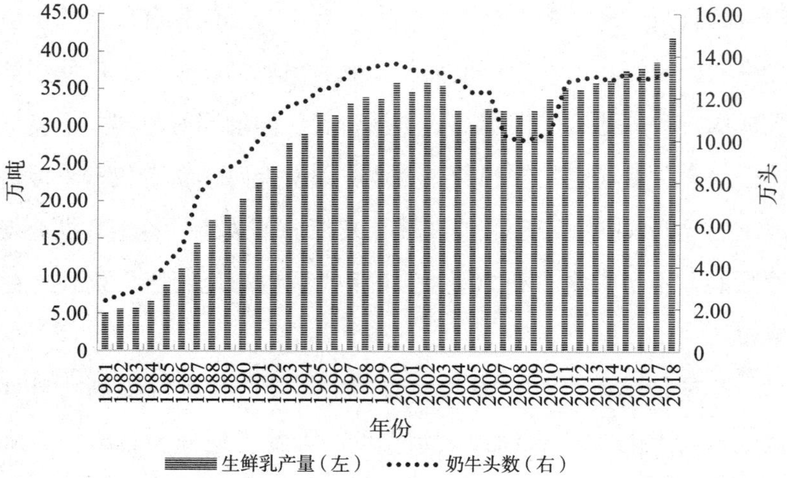

图5-3　1981—2018年台湾地区生鲜乳产量和奶牛头数

注：数据来源于台湾“农委会”

乳企为主，市场占有率高达86.8%。台湾地区工业及服务业普查数据显示，1981—2000年乳品加工企业迅速增长，乳企增加数与1961—1980年相比高出68.6%，该阶段正是鲜乳标章等一系列促进巴氏奶发展政策实施阶段。2011年后台湾乳企增加数量开始趋于稳定，目前乳品加工企业单位数维持在118家，带动就业人数达11892人。巴氏奶、发酵乳及调味乳三大液态乳产值比重为80%～94%。在1986年以前巴氏奶和调味乳生产比大约为5∶8，调味乳生产量高于巴氏奶生产量60.64%。实施鲜乳标章十年内巴氏奶生产量从1986年的6.49万吨增长到1995年的24.16万吨，巴氏奶生产量增长了约3倍，在1988年巴氏奶生产量首次超过调味乳生产量，台湾地区乳品生产结构发生了巨大转变（见图5-4）。2019年1—6月，台湾地区液态乳中巴氏奶产量占比58.80%、调味乳占比20.40%，巴氏奶与调味乳生产比为3∶1。

同时，在台湾当局引导巴氏奶消费措施和乳企积极主动配合参与下，消费者对巴氏奶有了正确认知，意识到本土巴氏奶“新鲜、卫生、高品质、安全”的品质，巴氏奶与常温奶产量比重也呈现不断拉大的趋势。

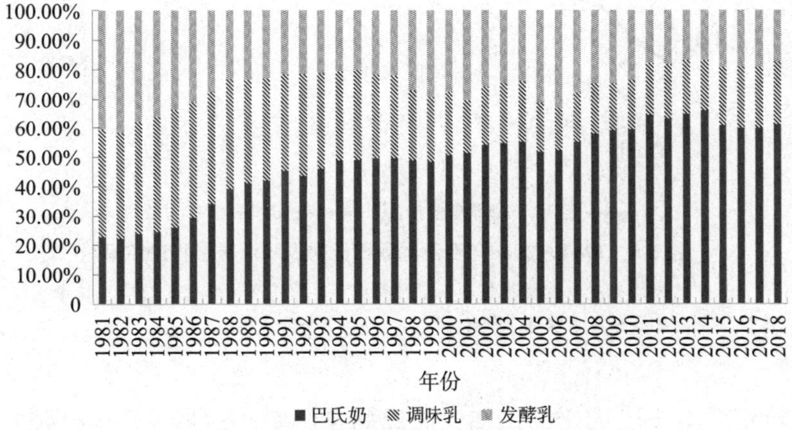

图5-4　1981—2018年台湾地区不同液态乳占比

注：数据来源于台湾地区“经济部统计处”

三是提升本土巴氏奶消费信心，鲜奶消费量大幅增长。如图5-5，1984年台湾地区巴氏奶表观消费量① 为6.70万吨、巴氏奶人均消费仅有3.51公斤，1986年实施鲜乳标章计划后巴氏奶表观消费量呈现波动上升趋势，鲜乳标章计划推动的前10年（1986—1995年）巴氏奶表观消费量高达31.51%的增长率，巴氏奶人均消费量占乳品人均消费量比重也从不足60%上升至69.92%，该期间为台湾地区乳业的成长期。2000年巴氏奶表观消费量达到最高峰39.03万吨，此时台湾地区消费者已逐渐

① 巴氏奶表观消费量为生鲜乳产量加上巴氏奶净进口量。

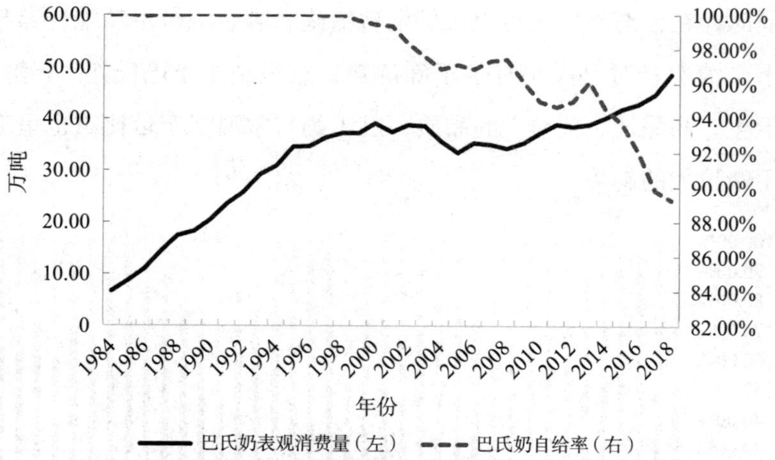

图5-5　1984—2018年台湾地区巴氏奶表观消费量和自给率

注：巴氏奶表观消费量根据台湾“农委会”生鲜乳产量加巴氏奶净进口量统计数据折合，数据来源于台湾“农委会”

转变对本土巴氏奶的认知，巴氏奶自给率高达99%以上。随着2000年前后加入世界贸易组织，台湾地区从液态乳关税配额制到2005年全面放开乳品进口，受新兴产业和居民收入带动消费需求上升、不同市场价差、进口关税下调等影响，巴氏奶进口量快速增长，台湾地区巴氏奶自给率从2000年至今下降了10个百分点左右。不同渠道来源的巴氏奶极大地满足台湾地区消费者日益增长的消费需求，与其他乳品相比，巴氏奶消费量占比在75%左右，保持较高消费水平（见图5-6）。

由于采取一系列举措，台湾地区巴氏奶发展在提高当地奶业竞争优势方面成效显著，但也面临后期消费增长乏力、整体消费水平不高的难题。虽然台湾地区较早实施学童乳计划，但1989年“乳业发展小组”裁撤导致学童乳供应中途停止，后续发展中又因经费限制等原因使得供应规模相对较小，学童乳计划仅针对

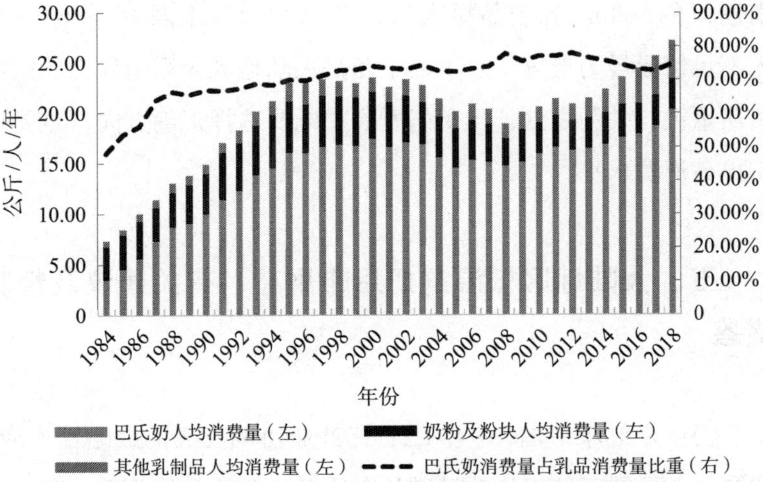

图5-6　1984—2018年台湾地区不同乳制品人均消费量

注：数据来源于台湾“农委会”

幼儿园学生及低收入小学群体，据核算，2011年台湾地区学童乳覆盖率仅有3.8%①，远低于全球目标人群覆盖率均值54.0%，因此，从小乳制品消费习惯培养不足成为突出问题。2015年儿童饮食习惯调查发现台湾地区4～12岁儿童食用乳制品的比例不到六成，每天钙质摄取量不足②，学童乳覆盖率有待进一步提高。除此之外，中老年人等重点人群乳制品营养摄入量也不足。台湾地区“健康署”2013—2016年居民营养健康状况调查显示，不同性别不同年龄层的乳制品实际摄入量均未能达到居民饮食指

① 学童乳覆盖率=当年学童乳受益人数/当年目标范围内学生总人数。根据台湾“农委会”官网数据，2011年总计供应59540名幼儿园及公立小学儿童饮用本地区生产的乳品；台湾“教育部”官网数据显示：2011年幼儿园及公立小学学生总人数为1560357名。

② 台湾地区儿童福利联盟文教基金会：《2015年儿童饮食习惯调查》，台湾出版社2015年版，第3页。

南建议的360mL乳制品摄入量，以75岁及以上及45～64岁摄入不足情形最为严重[①]。上述不足是大陆地区今后引导巴氏奶消费需重视与关注之处，巴氏奶发展中既要选择正确方向，也要切实提高消费水平。

五、大陆地区低温鲜奶后市展望、有关建议及经验借鉴

奶业是健康中国，一、二、三产业协调发展的战略性产业，我国奶业发展正处于从数量增长向质量效益转变的关键时期。从生产层面上，奶牛养殖效益仍有待提升，奶牛加工利益联结机制，实现奶业自给率等仍面临挑战。从消费层面上，长期以来居民乳制品消费存在数量较低、本土奶信心不足、结构不合理等问题，尤其是具备鲜活、营养特征的低温鲜奶产品消费量少、认知度低。我国需针对提升本土低温鲜奶消费信心，增加低温鲜奶消费量。

（一）大陆地区低温鲜奶展望及建议

随着大陆地区消费升级，特别是后疫情时代居民健康意识提升，低温鲜奶消费有望继续保持较高速增长。综合各方面数据初步测算，2021年低温鲜奶消费总量将达到60.6万吨，较上年增加12万吨，在液态乳制品消费总量比例有望提升至3.4%。目

---

① 台湾地区“健康署”:《营养健康状况变迁调查结果报告（2013—2016年）》，台湾出版社2018年版，第3页。

前，发达国家低温鲜奶消费占液态奶比例在70%以上，我国低温鲜奶消费比例显著偏低，这也表明未来我国乳制品消费结构升级和低温鲜奶发展空间巨大。长期来看，建议从以下三个方面推动低温鲜奶产业发展：一是鼓励奶源基地建设，支持南方布局奶源基地[①]，解决区域性奶源保障问题；二是推动出台终端市场冷链建设标准，解决低温鲜奶流通问题；三是加强低温鲜奶科普宣传教育，提升低温鲜奶营养认知，提高三、四线城市和偏远地区低温鲜奶普及率，引导乳制品消费升级[②]。

（二）台湾地区经验与启示

我国台湾地区具体做法对大陆地区低温鲜奶推广与消费引导具有借鉴意义，具体经验有如下五点。

（1）加强扶持奶业生产高质量发展，提高奶牛养殖竞争力。对奶农进行直接补贴和技术支持是奶业发达国家地区的普遍做法，但在大陆地区对奶业发展支持较少，经测算，2018年大陆地区财政对奶业的支持仅限于对部分地区粮改饲和苜蓿补贴，相当于每公斤牛奶补贴0.03元，约占生鲜乳价格的1%。[③] 为此，大陆地区应加大奶业政策资金支持力度，强化科技支撑和服务。一是加强金融保险支持。通过贴息贷款引导农业信贷担保体系加大

① 彭华、王晶晶、彭蕾：《2019年奶源形势分析及2020年展望》，《中国乳业》2020年第1期，第9—13页。

② 肖湘怡、王加启、杨祯妮、程广燕：《台湾地区巴氏奶产业发展经验、成效及对大陆的启示》，《世界农业》2020年第9期，第120—127页。

③ 根据农业农村部奶站监测，2018年生鲜乳平均价格3.80元/公斤；课题组根据2018年奶业补贴金额测算每公斤牛奶补贴0.03元，以此推算2018年奶业补贴占生鲜乳价格的1%。

对中小牧场的支持力度。二是在奶牛养殖大县开展生鲜乳目标价格试点，稳定养殖收益预期。三是促进牧场提质节本增效。推进奶牛生产性能测定工作，扩大参测奶牛比例和范围；继续推行振兴奶业苜蓿发展行动，提高国产饲草料自给率。

（2）完善奶业利益联结机制，促进养殖加工融合发展。生鲜乳易腐难存、巴氏奶加工需要及时，养殖与加工之间需要建立起风险共担、利益共享的紧密关系。大陆地区仍存在乳品加工企业集中度高、长期处于市场优势地位，奶农高度依附于乳企，在生鲜乳收购过程中，对收购数量、质量、价格等方面缺乏谈判筹码，奶农享受产业发展红利不够，权益缺乏保障的问题。为此，大陆地区应：一是构建生鲜乳价格协商机制，鼓励建立以生鲜乳质量为核心的计价制度。借助政府优势，加大协会、企业、奶农三方协调力度规范奶源供需关系；二是开展加工企业收购生鲜乳补贴试点，对乳品企业按照不低于本地指导价格收购的生鲜乳进行补贴；三是整顿生鲜乳收购秩序，升级并开放生鲜乳收购站运输车监督管理系统，规范生鲜乳运输行为，从而避免因季节性奶源供需不平衡导致“奶贩子”出现。

（3）完善质量安全监督检测体系，保障巴氏奶品质。台湾地区鲜乳CAS制度将卫生品质纳入管理机制并形成标识制度，实现全产业链监管和透明化。大陆地区近年来奶业全产业链质量安全监管体系不断完善，生鲜乳监测计划全面实施，但仍需探索更完善的生鲜乳生产源头管控和质量安全监督检测体系，以及更透明的质量安全信息公开体系，提升生鲜乳质量管控能力和监管水平。一是以生鲜乳收购站改造升级为切入点，完善提升设施设备，严格饲料、兽药投入品使用和管理，实现挤奶、储存、运输全过程质量管控，从源头保障生鲜乳质量。二是积极探索第三方生鲜乳质量检测机构试点，在奶牛养殖优势区推进就近检测、提高效率，降低奶农检测成本，维护生鲜乳收购秩序。三是完善监管监测信息系统，提高检测信息的透明度，通过产品包装信息、相关部门官网等渠道提高消费者获取质量安全信息的及时性和可获得性。

（4）加快实施优质乳工程，创建乳品标识制度。健康、安全、营养、品质不能单纯靠广告宣传，必须用科学、客观的标准进行衡量判断。近20年来大陆相继出台加强复原乳标签标识管理的文件[①]，但从现实情况来看，落实执行情况并不容乐观[②]，至今大陆地区仍未形成一套成熟的奶业标识制度和体系。借鉴台湾地区经验，建议尽快实施国家“优质乳工程”，创建优质乳标识制度。一是通过技术标准和政策管理等综合措施建立标识制度体系，从法律上制定标识条例。二是通过标识管理制度将产品的原料等级、加工工艺、品质等信息标识，让消费者具有知情权和自主选择权。当乳品加工企业真正需要收购优质原料奶时，才能让生产优质原料奶的奶农得到优质回报，实现公平合理的利益分配，避免“劣币驱逐良币”现象的出现，也让消费者明明白白消费。

（5）加强巴氏奶营养科普，促进巴氏奶多元化消费。在台湾

---

① 国家标准化管理委员会:《标签、包装、运输、贮存：GB 5408.2—1999》，中国标准出版社2004年版；农业农村部新闻办公室:《农业农村部等九部委联合印发〈关于进一步促进奶业振兴的若干意见〉》，http://www.moa.gov.cn/xw/zwdt/201812/t20181226_6165640.htm，2018-12-26。

② 程漱兰、王缅:《“复原乳”标识哪里去了？——从国办2005年24号文件谈政府执行力和公信力》，《中国乳业》2006年第8期，第9—12页。

地区，当局和行业协会积极宣传本土巴氏奶新鲜美味又营养。引导消费者支持地区奶农产业，多喝本土巴氏奶并认明鲜乳标章、“鲜乳入菜”等理念。目前大陆地区乳品消费面临产品概念含混不清，消费者难以选择到合适的产品。学生奶品种单一难以满足学生营养口味需求，为此应在鲜活营养上塑造本土奶优势。一是广泛宣传本土奶的优良品质、“低温奶与常温奶区别”、“乳饮料不是乳品”等不同概念辨识，加强消费者对优质、鲜活奶产品的认知，帮助消费者摒弃偏颇认识和误区。二是基于当地饮食文化研发乳品食谱，普及乳品饮食，使得巴氏奶不仅仅作为饮品直接饮用，还可作为餐饮中不可或缺的食材。三是关注儿童、中老年人等重点人群的巴氏奶消费。大力推广国家学生饮用奶计划，优化学生饮用奶供给结构，增加巴氏奶等学生饮用奶产品种类；立足大陆地区实际需求，增加政府对学生奶补贴比重，扩大学生饮用奶计划覆盖范围，提高学生饮用奶普及率，让每一个学生都能喝上牛奶，促进学生营养健康，促进全民营养健康。

第六章

我国未来奶类消费需求趋势预测

近年来，国家高度重视奶业发展，2018年国务院办公厅印发《关于推进奶业振兴保障乳品质量安全的意见》，此后在《关于进一步促进奶业振兴的若干意见》等一系列奶业振兴利好政策驱动下，2020年，中国奶类总产量、各类乳制品进口量、乳品工业总产量分别为3529.6万吨、328万吨（折合原奶计约1875万吨）、2780万吨，同比分别增长7.0%、8.3%、2.8%，国内生产、加工、进口“三量齐增”，一致反映出国内奶类消费需求旺盛。在奶业振兴等利好政策驱动下，人均奶类消费实现较快增长，达到年人均38.3公斤的历史最高水平，同比增长7.5%，创阶段性新高，明显高于近15年3.3%的平均消费增长率，消费增幅处于历史高位。未来中国奶类消费还有多大增长空间，水平能达到多少，增速如何，是否能满足营养需求标准？探究上述问题对研判未来中国奶业发展，进一步引导扩大奶类消费具有重大意义。

本研究采用趋势外推法，将从三个层面对我国人均奶类消费进行预判，首先是对发达国家及奶类消费较高国家和地区的居民奶类消费现状及过去的发展做了全面分析后，利用人均GDP和人均奶类消费水平描述人均奶类消费随人均GDP这一参数的变化规律。其次是利用国家统计局数据，测算我国历史人均奶类消费随人均GDP变化规律及增速。再次是运用微观调研数据，基于2018年我国6座不同经济发展水平典型城市奶类消费现状，模拟国内经济水平变化下的未来奶类消费变化及增速，同步考虑人口变化，推算出2025年、2030年和2035年人均奶类消费潜力及增长速度，然后以此规律进行外推，对2020—2035年我国居民的奶类消费进行预测。研究在吸收借鉴已有研究方法的基础上，提出“峰值+增速”消费趋势预测方法，分别从历史变化、国家（或地区）消费特征、不同人群消费现状三个维度分析中国奶类消费演变规律，提出奶类消费峰值及不同阶段消费变速，再结合经济、人口、社会等相关因素分析，测算得出2025年中国奶类消费总量，进一步测算人均奶类消费峰值，最后提出扩大奶类消费的若干建议。

一、奶类消费预测与研究方法

（一）食物消费预测主要方法

国内外众多学者运用推算法和模型法对未来中国食物消费需求展开预测。早期的食物消费需求预测定量研究主要采用时间序列模型，最简单的方式是增长率假定方法，还包括ARMA模型和GARCH模型等相对复杂的预测模型[①]。许世卫运用一般性模型结构预测2020年和2030年中国居民人均奶类消费量。[②]朱信凯

① 罗其友、米健、高明杰:《中国粮食中长期消费需求预测研究》,《中国农业资源与区划》2014年第5期，第1—7页。

② 许世卫:《中国奶业消费特征与消费量预测》,《中国食物与营养》2019年第12期，第4—7页。

利用中短期灰色预测方法和ELES法预测未来中国奶类消费需求将显著增长。[①] 马云倩等采用能够考虑食物类别之间内在联系且适于中长期预测的带有外生变量的VARX模型对中国居民膳食结构进行预测。[②] 徐依婷和穆月英采用GM（1，1）模型模拟了城镇居民食品消费需求与预测分析。[③] 在对中国重要农产品需求分析上，侯媛媛和王礼力利用主成分分析法对中国蔬菜家庭消费进行预测，[④] 程广燕等选用调查消费量占表观消费量的比重指标预测分析2020年中国肉类消费量。[⑤] 毛学峰等基于欧、美、日、韩等国在人均GDP 15000 ～ 20000美元食物消费的典型事实，总结归纳各国食物消费规律对未来中国食物消费前景的启示。[⑥]

（二）奶类消费趋势预测方法

从现有文献来看，对于奶类消费变化趋势的研究一致认为未来中国奶类消费将继续保持增长。许世卫预测2030年中国城镇

---

① 朱信凯：《2008—2020年我国奶类供给与需求预测研究》，《中国乳业》2008年第8期，第2—7页。

② 马云倩、徐海泉、郭燕枝等：《基于VARX模型的中国居民食物消费结构预测》，《农业展望》2017年第9期，第114—121页。

③ 徐依婷、穆月英：《我国城镇居民食品消费需求分析与预测模拟》，《中国食物与营养》2017年第7期，第46—50页。

④ 侯媛媛、王礼力：《基于主成分分析基础上的中国蔬菜家庭消费预测》，《统计与决策》2010年第23期，第91—93页。

⑤ 程广燕、刘珊珊、杨祯妮等：《中国肉类消费特征及2020年预测分析》，《中国农村经济》2015年第2期，第76—82页。

⑥ 毛学峰、刘靖、朱信凯：《国际食物消费启示与中国食物缺口分析：基于历史数据》，《经济理论与经济管理》2014年第8期，第103—112页。

和农村居民人均奶类消费量将分别达到59.8公斤、52公斤。[①] 杨祯妮等预测2025年中国奶类消费总量将达到6550万吨。[②] 王祖力和王济民利用适度增长预测法对2015年、2020年和2030年中国奶类进行了三个阶段的需求预测，认为人均奶类消费水平将持续提高，增幅逐渐放缓。[③] 周振亚等采用平衡膳食条件下中国各类农产品需求量估算出奶类需求量，指出当前奶类及奶制品供应不足，尚未达到平衡膳食需求的最低标准。[④] 胡冰川预测未来国内乳品消费需求在总量与结构两个维度上都将保持刚性增长，特别是消费者对安全、高品质的乳品需求。[⑤]

（三）研究方法与研究框架

根据上述文献回顾，大量学者对食物消费需求趋势进行了研究探索，但现有研究方法存在对食物消费规律把握不足以及对食物需求影响因素考虑不完备的问题。虽然毛学峰等已经对标欧、美、日、韩等国，对未来中国食物的消费问题开展了前瞻性

① 许世卫：《中国奶业消费特征与消费量预测》，《中国食物与营养》2019年第12期，第4—7页。

② 杨祯妮、周琳、程广燕：《我国奶类消费特征及中长期趋势预测》，《中国畜牧杂志》2016年第2期，第46—49页。

③ 王祖力、王济民：《我国畜产品消费变动特征与未来需求预测》，《农业展望》2011年第8期，第55—59页。

④ 周振亚、高明杰、李全新等：《基于平衡膳食的中国主要农产品需求量估算》，《中国农业资源与区划》2015年第4期，第85—90页。

⑤ 胡冰川：《2016年中国奶业发展：述要与展望》，《中国奶牛》2017年第3期，第44—47页。

研究[①]，但研究对象主要涉及粮食、肉类、油和糖，并没有对奶类进行详细探讨。现有文献对中国奶类消费的预测方法和结论大多数是基于国内奶类消费历史数据，没有充分考虑国际上与中国膳食模式相似的典型国家和地区在同等经济水平下的奶类消费水平，也没有回答基于中国国情和食物消费模式下居民乳制品消费的峰值究竟会达到何种水平。本研究综合运用微观调研、国家统计、国际统计三方统计数据，提出“峰值+增速”研究方法，分析测算典型国家和地区在不同经济水平下（选取人均GDP为衡量指标）人均奶类消费随人均GDP变化趋势及增速，结合中国6座不同经济发展水平典型城市奶类消费现状，模拟国内经济水平变化下的未来奶类消费变化及增速；考虑人口变化，推算出2025年人均奶类消费潜力及增长速度，在对未来奶类总量预测的同时对奶类消费峰值进行预判。本研究试图设定不同方案，匡算未来奶类缺口，制定符合中国国情的乳制品消费目标，进而提出未来奶类供需针对性的消费引导政策。

二、国内外奶类消费规律

（一）全球乳制品消费总体规律

（1）综观全球，各个国家的奶类消费都存在一定的基本规律。2018年，全球人均奶类消费水平约113.7公斤。[②] 2017年，日

① 毛学峰、刘靖、朱信凯：《国际食物消费启示与中国食物缺口分析：基于历史数据》，《经济理论与经济管理》2014年第8期，第103—112页。

② 2018年全球人均奶类消费数据来源于国际乳品联合会（IDF），*The World Dairy Situation 2019*。

本人均奶类消费量为93.5公斤①，韩国人均奶类消费量为30.4公斤②；美国、欧盟和澳大利亚作为人均奶类消费较高的国家，其人均奶类消费量分别达到272.7公斤、242.2公斤、250.0公斤；其中以瑞典为代表的北欧地区，人均奶类消费量高达359.7公斤。从全球165个国家及地区人均奶类消费量随人均GDP的变化可以看出一个明显的规律，即呈现随人均GDP增长奶类消费随之提高的整体态势（见图6-1）。

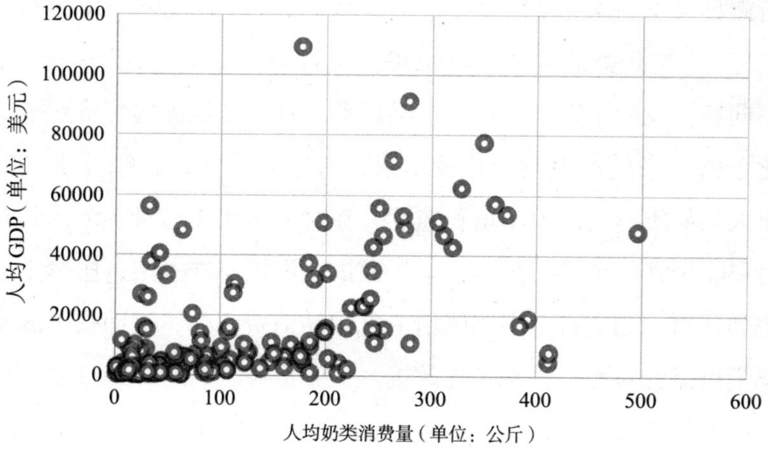

图6-1　全球165个国家和地区人均奶类消费量随人均GDP变化图

注：人均奶类消费量数据来源于联合国粮食及农业组织；人均GDP数据来源于世界银行

（2）亚洲国家及中国典型地区乳制品消费规律。1960—2017年，亚洲国家及中国典型地区人均奶类消费量随人均GDP变化趋势图反映出：日本及韩国的人均奶类消费量随人均GDP的增长呈现一致的上升态势。其中，日本人均消费量上升后趋于稳

① 2017年日本人均奶类消费量数据来源于日本农林水产省。

② 2017年韩国人均奶类消费数据来源于联合国粮食及农业组织（FAO）。

定，于1996年人均GDP约45000美元时达到人均消费量93.3公斤的最高水平；韩国奶类消费水平处于低水平稳定，人均奶类消费量随着GDP增长保持上升态势，在人均GDP16735美元时达到人均奶类消费量43公斤，此后保持稳定（见图6-2）。在中国典型地区，中国香港人均奶类消费量也随着人均GDP增长呈现上升态势，而中国台湾人均GDP达到13769美元后人均奶类消费量有所回落。

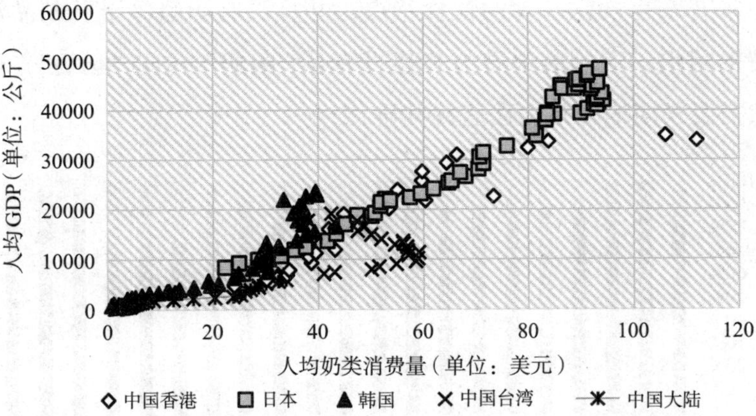

图6-2　亚洲国家及中国典型地区人均奶类消费量随人均GDP变化图

注：人均奶类消费量数据来源于联合国粮食及农业组织；人均GDP数据来源于世界银行

（3）典型国家乳制品消费结构。从乳制品消费结构来看，全球及欧美国家地区以干乳制品消费为主，液态奶占比较小。2018年，全球、美国、欧盟及日本液态奶消费占比分别为28.8%、29.1%、24.6%、55.5%[①]，发达国家液态奶和干乳制品

① 全球、美国、欧盟及日本数据来源于国际乳品联合会（IDF），*The World Dairy Situation 2019*。

的消费比率约为3∶7，而中国却恰恰相反[①]。亚洲典型国家和地区以液态奶消费为主，干乳制品消费占比低，与日本、韩国、土耳其等国相比，近三年中国液态奶占比仍居于高位，以奶酪为主的干乳制品消费远低于其他国家（见图6-3）。从内部消费结构来看，中国乳制品属于低温乳制品少、常温乳制品多。据尼尔森数据，2019年中国低温乳制品消费占26%，其中巴氏杀菌乳的消费占比仅为4%，常温乳制品消费占比高达74%。中国人通常有不喜欢吃冷食的饮食特点，并且没有奶酪等干乳制品消费的习惯，乳制品消费方式还没有从“喝奶”转向“吃奶”，仍然需要长期培育并加强消费引导。

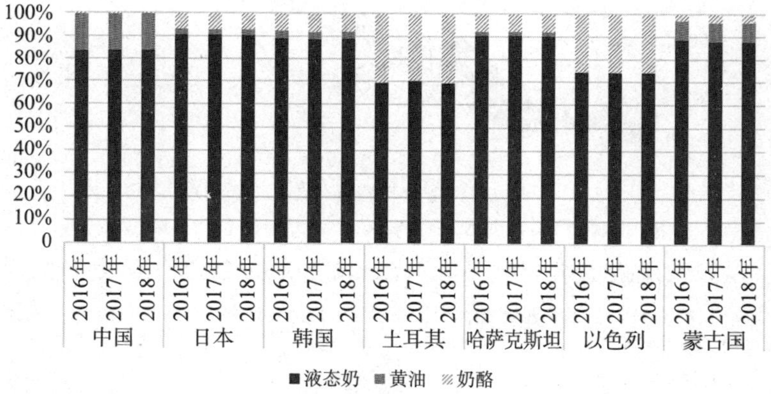

图6-3　2016—2018年亚洲典型国家地区液态奶、黄油、奶酪人均消费占比

注：数据来源于国际乳品联合会（IDF），*The World Dairy Situation 2019*

① 农业农村部市场预警专家委员会：《中国农业展望报告（2020—2029）》，中国农业科学技术出版社2020年版。

三、基于消费规律的奶类需求趋势预测

（一）数据收集

本研究中微观分析数据来源于2018年对中国6座城市共3000份奶类消费线上调查，每座城市500份，问卷回收率100%，剔除了由理解有误导致的变量缺失、奶类消费量高于或低于正常值2倍以上导致的无效观察样本后，实际使用样本量为2726个。样本城市包括成都、武汉、哈尔滨、呼和浩特、南京、西安，具有较广泛的地区覆盖面。城市选取以国家统计局对城镇居民人均可支配收入和人均奶类消费平均值为依据，将全国32个省份划分为4个典型奶类区域，即高收入高消费区、高收入低消费区、低收入高消费区和低收入低消费区（图见7-4），每个区域选择1～2个典型城市。由于线上调研用户多集中于青年群体，为保

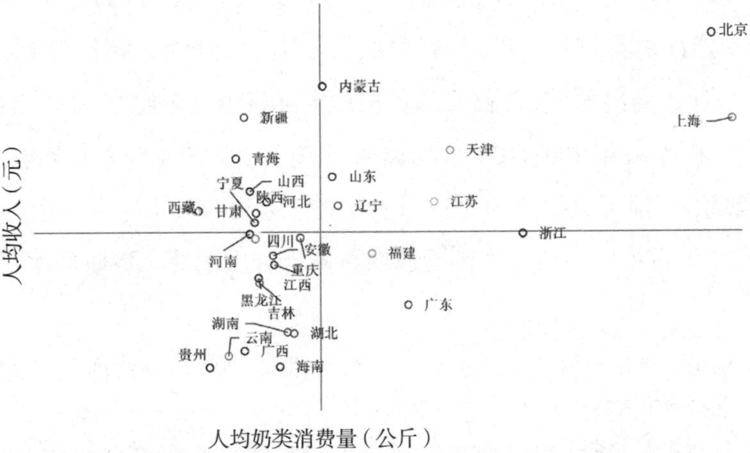

图6-4　2017年全国31个省市奶类消费量与收入关系

注：数据来源于《2018年中国住户调查年鉴》；人均收入数据来源于国家统计局

证调研样本年龄分布的合理性，调研样本年龄分布参照国家统计局人口结构比例，在每个城市内和不同年龄群体的调研人群采取随机抽样的原则。样本分为饮奶者和非饮奶者，对饮奶者和非饮奶者分别采用不同问卷进行调研。

消费乳制品的调研样本2410个，非乳制品消费样本316个。除奶类消费信息外，也记录了样本详细的个体和家庭社会经济特性及奶类支付意愿等。考虑了零乳制品消费者对均值的影响后，样本人均奶类消费量（折算成原料奶计）为49.4公斤[①]，液态奶依然是乳制品消费的主要形式，液态奶、酸奶、奶粉及干乳制品占奶类消费总量的比例分别为48%、35%、9.2%、7.8%。城市居民人均乳制品消费量随收入的增加而上升，在最高收入组达到约59.7公斤。

（二）基于亚洲典型国家及地区奶类消费变化规律的预测结果

2017年，中国人均GDP[②]为8804美元，人均奶类消费量33.2公斤，与日本、中国台湾地区及中国香港地区相比低15～30公斤，高出韩国2.7公斤[③]。根据国际货币基金组织（IMF）预测，未来10年中国GDP平均增长速度约为6.5%，同时考虑人口变化，预计2025年中国人均GDP将达到14168美元（现价美元）。考虑中国当前奶类消费已明显高出韩国同等经济阶段水平，

① 液态奶和酸奶的折算系数按1:1，奶粉、黄油和奶酪按1:8折算成原奶计。

② 此报告中人均GDP为2010年现价美元计价。

③ 数据来源于世界银行，https://data.worldbank.org/indicator/NY.GDP.PCAP.CD，2018；联合国粮食及农业组织（FAO），http://www.fao.org/faostat/en/#data/FBS，2018。

因此本节主要借鉴日本、中国台湾地区及中国香港在人均GDP 9000美元和15000美元时奶类消费变化规律。

数据分析表明，从3个国家及地区平均来看，人均GDP每增加1000美元，人均奶类消费增加1.2公斤。在人均GDP 15000美元时，日本、中国台湾地区及中国香港地区人均奶类消费量分别为78.7公斤、56.0公斤、50.5公斤，与人均GDP 9000美元时相比，分别增加了14.3公斤、7.7公斤、1.8公斤。人均GDP每增加1000美元，3个国家及地区的人均奶类消费量增加2.38公斤、1.06公斤、0.30公斤，平均为1.20公斤（见表6-1）。

表6-1　典型国家及地区人均奶类消费量

国家及地区	人均GDP 9000美元（公斤）	人均GDP 15000美元（公斤）	人均GDP增加1000美元奶类增量（公斤）	平均
日本	64.4	78.7	2.38	1.2
韩国	30.7	37.0	1.05	
中国台湾	50.0	56.0	1.06	
中国香港	48.7	50.5	0.30	

注：人均GDP数据来源于世界银行，日本、中国香港地区奶类消费量数据来源于联合国粮农组织，中国台湾地区奶类数据来源于台湾地区“统计局”

（三）基于国内奶类消费历史变化规律的预测结果

2000年以来，中国奶类消费进入快速增长阶段。2000—2008年，中国人均GDP从959美元增长至3471美元，人均奶类消费量从7.1公斤提高到25.9公斤，增加了18.8公斤，年均增速达17.5%。此阶段，人均GDP每增加1000美元，人均奶类消费增长4.7公斤。2009—2017年，中国人均GDP从3838美元增长至8804美元，人均奶类消费量从26.9公斤提高到33.3公斤，增加了6.4公斤，年均增速降至2.7%。此阶段下，人均GDP每增加1000美元，人均奶类消费增长1.3公斤。综合来看，未来人均奶类消费仍然会提高，但随着居民收入提高到一定水平，奶类消费增速将会表现出趋缓的趋势。

（四）基于国内典型城市发展规律的预测结果

根据调研[①]，成都、呼和浩特、武汉及南京的人均奶类消费量分别为46.1公斤、48.2公斤、50.7公斤和54.2公斤，其对应的人均GDP分别是12367美元、14554美元、17587美元、20079美元，一个明显的规律是，随着人均GDP的增加，人均奶类消费逐步提高，人均GDP每增加1000美元，人均奶类消费量增加在1公斤左右，平均为1.1公斤（见表6-2、表6-3）。

表6-2 2018年国内典型城市人均奶类调研消费量与人均GDP关系

城市	人均消费量（公斤）	人均GDP（元）	人均GDP（美元）
成都	46.1	86565	12367
呼和浩特	48.2	101881	14554
武汉	50.7	123111	17587
南京	54.2	140553	20079

注：美元对人民币汇率按6.9计；人均GDP数据引自各省统计公报，为2017年当年的GDP总量/常住人口数；人均消费量为农业农村部食物与营养发展研究所2018年奶类消费量调研数据

① 调研数据为平均每个月奶及奶制品的消费量，为便于比较，将奶制品按对应折算系数转化成原奶，在此基础上，乘以12换算成全年的消费量。

表6-3 2018年国内典型城市人均奶类调研消费增量与GDP增量关系

城市	人均消费量（公斤）	GDP增量（美元）	人均消费增量（公斤）	人均GDP增加1000美元奶类增量（公斤）
成都	46.1	—	—	—
呼和浩特	48.2	2220	2.16	1.08
武汉	50.7	3077	2.45	0.82
南京	54.2	2528	3.50	1.40
平均	—	—	—	1.10

注：人均消费量为农业农村部食物与营养发展研究所2018年奶类消费量调研数据整理所得

三、预测结果及人均奶类消费量峰值判断

（一）综合预测结果

综合上述三方面分析，在人均GDP 9000～15000美元这一经济发展阶段，亚洲国家和地区人均奶类消费增长规律为：人均GDP每增加1000美元，人均奶类消费增长1.2公斤。从国内历史数据来看，近10年增长规律为：人均GDP每增长1000美元，人均奶类消费增加1.3公斤。国内典型城市的人均奶类消费增长规律为：人均GDP每增加1000美元，人均奶类消费增长1.1公斤。综合来看，本研究预测未来人均GDP每增加1000美元，人均奶类消费将增长1.2公斤。2019年我国人均GDP为10276美元，按照人均每增加1000美元人均奶类消费量增长1.2公斤计算，2025年、2030年和2035年我国人均奶类消费量将分别达到40.4公斤、45.6公斤和52.4公斤。依据中国社会科学院预测数据，2025年、2030年和2035年中国人口将分别为14.25亿人、14.38亿人、

14.19亿人，届时中国奶类消费总量将分别达到5757万吨、6557万吨、7436万吨。表6-4列出了2020—2035年我国奶类消费总量、人均消费量及不同自给率下奶类产量预测值。

2019年中国奶类总产量3298万吨，如果按照《全国奶业发展规划2020》中奶源自给率保持70%的目标计算，2025年中国奶类生产总量需达到4030万吨，与基期相比[①]，增加了822万吨；2030年，中国奶类总产量需达到4590万吨，与基期相比，增加了1382万吨；2035年，中国奶类总产量需达到5205万吨，与基期相比，增加了1997万吨。2000—2019年，中国奶类产量从919万吨增长至3298万吨，20年间增长了2379万吨，年均增速约7.0%。如果按上述生产目标，预计2025年、2030年、2035年奶类产量年均增速各为2.4%、2.5%、2.5%，基于历史增长率看是完全可以达到的。

表6-4　2020—2035年我国奶类消费总量、人均消费量及不同自给率下奶类产量预测值

年份	人均消费量（公斤）	人口数（亿）	奶类需求总量（万吨）	不同自给率下的国内供给量					
				70%	65%	55%	50%	40%	30%
2020	36.4	14.04	5111	3577	3322	3066	2811	2555	2044
2021	37.1	14.08	5224	3657	3395	3134	2873	2612	2089
2022	37.9	14.12	5351	3746	3478	3211	2943	2676	2141
2023	38.7	14.17	5484	3839	3564	3290	3016	2742	2194
2024	39.5	14.21	5613	3929	3648	3368	3087	2806	2245
2025	40.4	14.25	5757	4030	3742	3454	3166	2879	2303
2026	41.3	14.29	5902	4131	3836	3541	3246	2951	2361

① 基期数据为2017—2019年奶类产量的平均数，为3208万吨。

续表

年份	人均消费量（公斤）	人口数（亿）	奶类需求总量（万吨）	不同自给率下的国内供给量					
				70%	65%	55%	50%	40%	30%
2027	42.3	14.33	6062	4243	3940	3637	3334	3031	2425
2028	43.4	14.38	6241	4369	4057	3745	3433	3120	2496
2029	44.5	14.42	6417	4492	4171	3850	3529	3208	2567
2030	45.6	14.38	6557	4590	4262	3934	3607	3279	2623
2031	46.8	14.34	6711	4698	4362	4027	3691	3356	2684
2032	48.1	14.31	6883	4818	4474	4130	3786	3442	2753
2033	49.5	14.27	7064	4945	4591	4238	3885	3532	2825
2034	50.9	14.23	7243	5070	4708	4346	3984	3622	2897
2035	52.4	14.19	7436	5205	4833	4461	4090	3718	2974

注：GDP数据、GDP增长率数据来源世界银行，*The 2019 Revision of World Population Prospects*；2021年后的人均GDP按近6年增长率的平均数5.5%计增长；人口数据来源于中国社会科学院预测数据

（二）人均奶类消费量峰值判断

2018年营养所动物中心对全国6个典型地区奶类消费的调研结果显示，考虑了非食用乳制品消费者对均值的影响后，全国典型地区居民人均奶类消费量随收入的增加而上升，按收入组划分，居民人均奶类消费峰值出现在最高收入组（30000元以上），达到最高值59.7公斤，除纯牛奶（灭菌乳）和低温鲜奶（巴氏杀菌乳），各类产品消费量均在最高收入组达到最高（见图7-5）。

从近60年西班牙和我国台湾地区奶类消费情况看，在人均GDP 10000美元这个经济阶段，人均奶类消费分别为165.0公斤和57.4公斤，之后人均奶类消费增至历史最高水平，依次为200.1公斤（2001年）、59.0公斤（1997年）。美国、日本人均奶

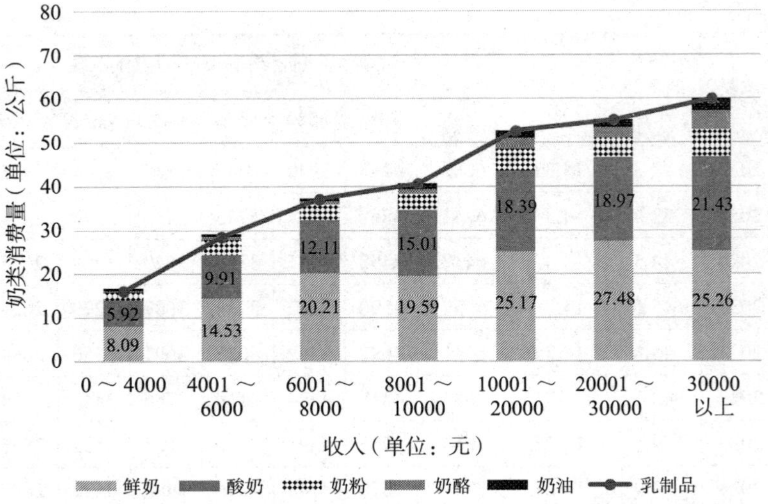

图6-5　2018年城市居民不同收入组人均奶类调研消费量

注：数据来源于农业农村部食物与营养发展研究所2018年奶类消费量调研数据

类消费分别从1978年（人均GDP 10565美元）的246.9公斤和1981年（人均GDP 10361美元）波动上升至2019年的296.6公斤、95.2公斤的历史最高水平。从我国不同年龄组人均奶类消费情况看，考虑到人均收入水平、消费习惯和饮食结构，我国奶类消费水平难以达到日本最高水平，而基于膳食模式的相似性，我国台湾地区人均奶类消费峰值更具参考价值。

综合两个视角的分析，考虑到国内调研对象缺乏北上广深经济实力最强的4座城市调研，基于现有调研区域消费情况做出的峰值判断可能被低估，研究认为未来奶类消费峰值为59公斤比较合理，约在2037年前后（人均GDP达到30014美元）达到峰值水平。目前我国人均奶类消费38.3公斤/年，如果以中国居民膳食指南的营养目标300克/天计，奶类营养需求接近110公斤/年，显然消费者距营养目标差距甚远（72公斤）。

四、结果讨论及对策建议

(一)结果讨论

目前中国人均奶类消费35.9公斤，与峰值相比，有23.1公斤的增长空间。按照人均GDP每增加1000美元人均奶类消费增长1.2公斤增速计，预计在2037年(人均GDP达到30014美元)中国人均奶类消费达到59公斤峰值水平。依据联合国预测中国人口增长率5.86‰计，2025年、2037年中国人口将分别为14.15亿人、14.07亿人，届时中国奶类消费总量将分别达到6014万吨、7879万吨。2019年中国奶类总产量3307万吨，如果按照《全国奶业发展规划2020》中奶源自给率保持70%的目标计算，2025年中国奶类生产总量需将达到4210万吨，与基期相比[①]，增加1000万吨；2037年，中国奶类总产量需将达到6109万吨，与基期相比，增加2898万吨。

目前中国奶类产量3307万吨[②]，与峰值年奶类生产指标相差3391万吨。进一步考虑全产业链奶类标准化总损耗率(不含浪费)8.8%，要达到人均奶类摄入量60公斤的水平，实际奶类摄入目标需达到68公斤，如果以此推算，2037年奶类消费总量9568万吨，国内奶类生产总量需达到6698万吨。2000—2019年，中国奶类产量从919万吨增长至3298万吨，20年间增长了2379万吨，年均增速约7.0%。如果分别按照6109万吨、6698万

① 基期数据为2017—2019年奶类产量的平均数。

② 测算基期数据按照2019年推算全国奶类总产量3307万吨计算。

吨的生产目标，预计2037年奶类产量年均增量分别约为163万吨、188万吨，年均增速各为3.7%、4.0%，基于历史增长率看是可以达到的。

值得讨论的是，有三个重要因素将直接影响本研究的预测结果。一是缺乏农村地区样本。本研究所运用的一手数据是基于典型城市的调研数据，没有覆盖广大的农村地区，这将显著高估中国居民的奶类消费水平，导致预测值高于实际值。二是奶类消费结构细分不足。受数据所限，本研究缺乏对新型乳制品消费数据的统计。三是受收入增加、乳制品种类丰富等因素的影响，不同乳制品间存在替代效应，居民的奶类消费结构正在由传统型向奶酪和黄油等干乳制品转变，如果未来居民继续增加干乳制品消费，这意味着未来实际奶类需求量会高于预测值。

（二）保障奶类消费的政策与建议

目前中国人均奶类消费水平较低，亟待加强引导增加消费量，针对中国居民奶类消费现状，提出以下四点措施。一是统筹境内外资源，保障奶类有效供给。建议科学研判奶制品进口形势和贸易空间，建立与需求、贸易相匹配的生产目标。同时以优质安全、提质增效、绿色发展为目标，加快转变奶业生产方式，提升奶业发展质量。借鉴奶业发达国家重视乳制品质量安全经验做法，在确保乳品质量安全基础上，对乳制品进行分级分类管理，政府部门制定产品质量分级标准体系，开展相关服务。二是加强科普宣传，提升牛奶营养健康认知水平。2020年，人均每日奶类消费量105克（折原奶），与营养需求差距很大。据调研，2020年如果提高对乳品营养价值的认知，60%以上的消费者会增加牛奶消费，建议利用居民营养健康意识普遍提高的这个有利时机，加强奶类营养与健康知识科普，提高居民对乳品营养价值的认知。三是推动由“喝奶”向“吃奶”转变，引导消费升级。提升乳品消费数量，要着力优化消费结构，积极引导百姓由“喝奶”向“吃奶”转变。一方面培育奶酪等干乳制品新的增长点，开发易于消费者接受的奶酪、黄油等干乳制品；另一方面积极发展中国特色的奶豆腐等干乳制品，丰富消费者的选择。四是扩大学生奶覆盖对象，从小培养科学饮奶习惯。2018年，全国在校小学生数量1.56亿人，只有2200万名学生坚持在校饮奶，占比仅14%，覆盖人群比较有限。建议扩大小学生学生奶覆盖人群，确保贫困地区全覆盖，明确将学生奶纳入学生营养餐，同时将幼儿园低龄人口纳入学生奶覆盖范围。

引用和参考文献

[1] A. Deaton and J. Muellbauer, "An almost Ideal Demand System", *American Economic Review*, 1980, 70(3).

[2] Alemayehu D. B., Joost B., Ruerd R., "How Do Health Information and Sensory Attributes Influence Consumer Choice for Dairy Products? Evidence from A Field Experiment in Ethiopia", *The International Journal of Quality & Reliability Management*, 2017, 34(05).

[3] Bai J.F., Wahl T. I., McCluskey J. J., "Fluid Milk Consumption in Urban Qingdao, China", *Australian Journal of Agricultural and Resource Economics*, 2008, 52(2).

[4] Cragg J. G., "Some Statistical Models for Limited Dependent Variables with Application to the Demand for Durable Goods", *Econometrica*, 1971, 39.

[5] F. Fuller, J. Beghin, S. Rozelle, "Consumption of Dairy Products in Urban China: Results from Beijing, Shangai and Guangzhou", *Australian Journal of Agricultural and Resource Economics*, 2007, 51(4).

[6] Hacer C. A.and Melike C., "Effects of Socio-economic Factors

on the Consumption of Milk, Yoghurt, and Cheese", *British Food Journal*, 2010, 112(03).

[7] J. Banks,R. Blundell, A. Lewbel, "Quadratic Engel curves and Consumer Demand", *Review of Economics and Statistics*, 1997, 79(4).

[8] OECD, *Agricultural Outlook(2019—2028)*, 2019.

[9] Wang Y. et al., "Nutrition Knowledge of Elderly and Middle-age Urban Population and Its Effects on Diet Quality and Dairy Consumption: A Cross-sectional Study in Eight Cities of China", *Current Developments in Nutrition*, 2019, 3(01).

[10] Wu B.and Chen Y., "A Multistage Budgeting Approach to the Analysis of Dairy Demand in Urban China", *British Food Journal*, 2017, 119(12).

[11] Yen S. T., Fang C., Su S. J., "Household Food Demand in Urban China: A Censored System Approach", *Journal of Comparative Economics*, 2004, 32(3).

[12] Zhang X. Y. et al., "Sensory Profile and Beijing Youth Preference of Seven Cheese Varieties", *Food Quality and Preference*, 2011, 22(01).

[13] 陈萌山:《加快推进我国农业食物营养转型发展》,《中国食物与营养》2019年第1期。

[14] 陈立仪:《牛乳鲜乳标章之推行("农委会")》, https://www.coa.gov.tw/ws.php?id=2365, 2000-09-01。

[15] 陈忠明、郭庆海、姜会明:《居民食物消费升级与中国农业转型》,《现代经济探讨》2018年第12期。

[16] 程长林、任爱胜、陈林:《中国牛奶市场供需关系及预测分析——基于局部均衡模型》,《干旱区资源与环境》2017年第4期。

[17] 程广燕、刘珊珊、杨祯妮等:《中国肉类消费特征及2020年预测分析》,《中国农村经济》2015年第2期。

[18] 程漱兰、王缅:《“复原乳”标识哪里去了?——从国办2005年24号文件谈政府执行力和公信力》,《中国乳业》2006年第8期。

[19] 崔建玲:《中国奶业奋进“十四五”》, https://baijiahao.baidu.com/s?id=1706870540459964726&wfr=spider&for=pc, 2021-08-01。

[20] 范荣静等:《中国城市乳制品消费状况:对北京、上海及广州的调查》,《古今农业》2011年第4期。

[21] 范金等:《几种中国农村居民食品消费需求模型的比较研究》,《数量经济技术经济研究》2011年第5期。

[22] 高源丰:《落实牛乳产业牧场评价制度与提升竞争力之做法(“农委会”)》, https://www.coa.gov.tw/ws.php?id=3959, 2001-08-09。

[23] 顾佳升:《溯成语“醍醐灌顶”之本源——看奶类在古代中国饮食结构中的地位》,《中国乳业》2008年第6期。

[24] 国家标准化管理委员会:《标签、包装、运输、贮存:GB 5408.2—1999》, 中国标准出版社2004年版。

[25] 国家药品监督管理局:《国内食品及乳品抽检不合格情况》, https://www.nmpa.gov.cn/, 2020-08-21。

[26] 韩晨雪、彭超、刘合光:《不同城镇化增长方案下畜产品消

费趋势比较分析》,《中国农业资源与区划》2021年第4期。

[27] 侯媛媛、王礼力:《基于主成分分析基础上的中国蔬菜家庭消费预测》,《统计与决策》2010年第23期。

[28] 胡冰川:《2016年中国奶业发展：述要与展望》,《中国奶牛》2017年第3期。

[29] 胡定寰等:《超市的迅速发展对中国奶业的影响》,《中国农村经济》2004年第7期。

[30] 黄季焜:《四十年中国农业发展改革和未来政策选择》,《农业技术经济》2018年第3期。

[31] 霍晓娜、曹志强:《我国酸奶市场竞争格局与发展趋势》,《中国乳业》2018年第3期。

[32] 霍晓娜:《我国低温鲜奶市场发展现状及趋势》,《中国乳业》2020年第10期。

[33] 陆海霞:《中国奶类消费现状及影响因素研究》,《中国乳业》2009年第3期。

[34] 李国景、陈永福、焦月、韩昕儒:《中国食物自给状况与保障需求策略分析》,《农业经济问题》2019年第6期。

[35] 李竞前、张书义、闫奎友等:《我国奶酪产业发展现状及对策研究》,《中国乳业》2021年第2期。

[36] 刘长全、姚梅、刘玉满:《从液态奶零售企业数据看我国奶业近年来发展态势》,《中国奶牛》2013年第8期。

[37] 刘成果:《中国奶业史：通史卷》，中国农业出版社2013年版。

[38] 刘向东、米壮:《中国居民消费处于升级状态吗——基于CGSS2010、CGSS2017数据的研究》,《经济学家》2020年第1期。

[39] 刘昱成:《台湾中小型乳品业者乳品利基市场之研究》，台湾东海大学2009年硕士学位论文。
[40] 吕秀英:《台湾乳牛事业发展之现况与展望》,《台湾农学会报》2010年第2期。
[41] 罗其友、米健、高明杰:《中国粮食中长期消费需求预测研究》,《中国农业资源与区划》2014年第5期。
[42] 马广旭、肖湘怡、杨祯妮、程广燕:《我国城乡居民牛奶消费行为与营养认知状况研究——基于6省（区、市）886份问卷调研》,《中国乳业》2020年第6期。
[43] 马云倩、徐海泉、郭燕枝等:《基于VARX模型的中国居民食物消费结构预测》,《农业展望》2017年第9期。
[44] 毛学峰、刘靖、朱信凯:《国际食物消费启示与中国食物缺口分析：基于历史数据》,《经济理论与经济管理》2014年第8期。
[45] 聂迎利:《收入对中国城镇居民奶类消费的影响分析》,《中国农学通报》2009年第16期。
[46] 聂迎利、张俊妍、王礳礳:《低温奶中国奶业的未来——“中国低温奶未来发展与乳业新格局”专场发言精选》,《中国乳业》2017年第2期。
[47] 农业农村部新闻办公室:《农业农村部等九部委联合印发〈关于进一步促进奶业振兴的若干意见〉》，http://www.moa.gov.cn/xw/zwdt/201812/t20181226_6165640.htm，2018-12-26。
[48] 农业农村部市场预警专家委员会:《中国农业展望报告（2020—2029）》，中国农业科学技术出版社2020年版。

[49] 彭华、王晶晶、彭蕾:《2019年奶源形势分析及2020年展望》,《中国乳业》2020年第1期。

[50] 全世文、于晓华、曾寅初:《我国消费者对奶粉产地偏好研究——基于选择实验和显示偏好数据的对比分析》,《农业技术经济》2017年第1期。

[51] 佘佳宜:《消费者购买具有鲜乳标章之鲜乳产品的行为研究》,台湾淡江大学2015年硕士学位论文。

[52] 宋亮:《中国乳业进入3.0时代行业面临大洗牌》,《中国乳业》2018年第6期。

[53] 孙永立:《乳制品新趋势:消费者健康意识增强低温奶市场空间增大》,《中国食品工业》2021年第1期。

[54] 台湾"农委会":《百分百鲜纯——冬季质好量多,经济又实惠百分百努力——鲜乳多样化搭配,养生又窈窕》,https://www.coa.gov.tw/theme_data.php?theme=news&sub_theme=agri&id=1847,2003-01-13。

[55] 台湾地区乳品工业同业公会:《关怀弱势儿童国产乳品供应计划》,http://www.dairy.org.tw/,2020-02-16。

[56] 台湾地区儿童福利联盟文教基金会:《2015年儿童饮食习惯调查》,台湾出版社2015年版。

[57] 台湾地区"健康署":《营养健康状况变迁调查结果报告(2013—2016年)》,台湾出版社2018年版。

[58] 台湾"农委会":《实施鲜乳标章对台湾乳业的影响("农委会")》,https://www.coa.gov.tw/ws.php?id=13521,2007-11-12。

[59] 台湾地区优良农产品发展协会:《CAS乳品》,http://www.

cas.org.tw/cas%E4%B9%B3%E5%93%81，2020-02-16。
[60] 王安石:《台湾地区乳牛群性能改良执行成效及检讨(“农委会”)》，https://www.coa.gov.tw/ws.php?id=4450&RWD_mode=N，2003-01-16。
[61] 王宁宁:《利乐布局中国》，《乳品与人类》2003年第6期。
[62] 王淑瑛:《厂农合作历程、契约产销演进(“农委会”)》，https://www.coa.gov.tw/ws.php?id=2502218，2014-06-16。
[63] 王忠恕:《CAS家族新成员——鲜乳、羊乳、牛肉》，https://www.coa.gov.tw/ws.php?id=21681，2010-07-02。
[64] 王忠恕:《规划鲜乳标章及CAS双标章制度执行成果(“农委 会”)》，https://www.coa.gov.tw/ws.php?id=21967&RWD_mode=N，2010-02-08。
[65] 王祖力、王济民:《我国畜产品消费变动特征与未来需求预测》，《农业展望》2011年第8期。
[66] 温源:《奶业振兴从何处着力》，《光明日报》2018年5月26日。
[67] 吴蓓蓓、陈永福、于法稳:《基于收入分层QUAIDS模型的广东省城镇居民家庭食品消费行为分析》，《中国农村观察》2012年第4期。
[68] 武爱群:《奶酪的营养价值及国内消费市场培育研究》，《食品安全导刊》2018年第21期。
[69] 肖湘怡、王加启、杨祯妮、程广燕:《台湾地区巴氏奶产业发展经验、成效及对大陆的启示》，《世界农业》2020年第9期。
[70] 许菲、白军飞、张彩萍:《中国城市居民肉类消费及其对水

资源的影响——基于一致的Two-step QUAIDS模型研究》,《农业技术经济》2018年第8期。
[71] 徐依婷、穆月英:《我国城镇居民食品消费需求分析与预测模拟》,《中国食物与营养》2017年第7期。
[72] 许世卫:《中国奶业消费特征与消费量预测》,《中国食物与营养》2019年第12期。
[73] 颜志辉、郑怀国、赵静娟、彭华:《阿根廷乳业发展现况及对我国乳业发展的启示》,《中国乳品工业》2020年第11期。
[74] 杨怀谷、郑楠、王加启:《巴氏杀菌乳和超高温灭菌乳营养价值及卫生安全对比研究》,《中国乳业》2016年第7期。
[75] 杨伟民、韩蒙:《中国奶酪的市场现状与营销建议》,《中国乳业》2014年第4期。
[76] 杨祯妮、周琳、程广燕:《我国奶类消费特征及中长期趋势预测》,《中国畜牧杂志》2016年第2期。
[77] 杨祯妮、肖湘怡、程广燕:《中国城镇居民家庭收入对其乳制品消费结构的影响》,《农业技术经济》2021年第5期。
[78] 俞剑、方福前:《中国城乡居民消费结构升级对经济增长的影响》,《中国人民大学学报》2015年第5期。
[79] 翟世贤、张彩萍、白军飞:《收入增长和城市化对液态奶消费结构的影响》,《中国农村经济》2017年第8期。
[80] 张书义:《加快奶业供给侧改革　积极发展中国本土干酪产业》,《中国乳业》2017年第5期。
[81] 张岩、金少胜、袁绕:《乳制品消费影响因素探究——基于CHNS数据的分析》,《中国畜牧杂志》2017年第1期。
[82] 张养东、刘月娟、王宗伟等:《牛奶　人类最接近完美的食

物》,《中国乳业》2017年第6期。

[83] 张玉梅、喻闻、李志强:《中国农村居民食物消费需求弹性研究》,《江西农业大学学报》(社会科学版)2012年第2期。

[84] 章斯睿:《塑造近代中国牛奶消费:对近代上海乳业市场发展及其管理的考察》,上海社会科学院出版社2020年版。

[85] 郑志浩、高颖、赵殷钰:《收入增长对城镇居民食物消费模式的影响》,《经济学》(季刊)2015年第15期。

[86] 中国奶业协会、农业农村部奶及奶制品质量监督检验测试中心:《2020中国奶业质量报告》,中国农业科学技术出版社2020年版。

[87] 中华人民共和国卫生部:《GB 19645—2010——食品安全国家标准〈巴氏杀菌乳〉》,https://wenku.baidu.com/view/0a712d0a031ca300a6c30c22590102020740f2f4.html,2010-03-26。

[88] 中华人民共和国卫生部:《GB 14880—2012——食品营养强化剂使用标准》,https://wenku.baidu.com/view/0a712d0a031ca300a6c30c22590102020740f2f4.html,2012-12-29。

[89] 中华人民共和国商务部:《商务预报》,https://cif.mofcom. gov.cn/cif/html/dataCenter/index.html?jgnfcprd,2021-08-09。

[90] 朱信凯:《2008 ~ 2020年我国奶类供给与需求预测研究》,《中国乳业》2008年第8期。

[91] 周文玲:《推动厂农契约产销　健全国产乳品产业链(“农委会”)》,https://www.coa.gov.tw/ws.php?id=2503944,2015-04-27。

[92] 周振亚、高明杰、李全新等:《基于平衡膳食的中国主要农